世界主要城市公共交通

交通运输部道路运输司 编

U0875540

人民交通出版社
China Communications Press

内 容 提 要

本书分为上下两篇。上篇汇编了新加坡、首尔、东京、大阪、香港、巴黎、伦敦、斯德哥尔摩、苏黎世、莫斯科、布拉格、纽约、温哥华、库里蒂巴、悉尼、开普敦共计16个城市在公共交通发展和管理方面的基本经验和典型案例,对城市背景、公共交通发展沿革、公共交通现状、公共交通管理机构与运营机制、公共交通管理政策和措施等内容进行了客观描述。下篇围绕城市公共交通发展的关键问题进行深入剖析,从城市公共交通立法、管理体制、发展规划、财税政策、设施建设、管理制度、节能减排、信息化建设、公共参与及交通需求管理等方面,归纳总结了世界主要城市的发展经验及对我国城市公共交通发展的启示。

本书旨在为政府部门制定城市公共交通发展政策,有关企业、科研单位和社会各界参与城市公共交通发展的相关工作提供参考和帮助。

图书在版编目(CIP)数据

世界主要城市公共交通/交通运输部道路运输司编.
—北京:人民交通出版社,2010.4
ISBN 978-7-114-08327-3

I.①世… II.①交… III.①城市运输:公共运输—世界 IV.①F571

中国版本图书馆CIP数据核字(2010)第053039号

Shijie Zhuyao Chengshi Gonggong Jiaotong

书　　名:**世界主要城市公共交通**
著 作 者:交通运输部道路运输司
责任编辑:王振军　顾燏鲁　何　亮
出版发行:人民交通出版社
地　　址:(100011)北京市朝阳区安定门外外馆斜街3号
网　　址:http://www.ccpress.com.cn
销售电话:(010)85285969、85285966
总 经 销:北京金飞图书发行中心
经　　销:各地新华书店
印　　刷:北京市凯鑫彩色印刷有限公司
开　　本:787×980　1/16
印　　张:14.75
字　　数:206千
版　　次:2010年4月第1版
印　　次:2010年4月第1次印刷
书　　号:ISBN 978-7-114-08327-3
印　　数:00001—10000册
定　　价:58.00元
(如有印刷、装订质量问题的图书由本社负责调换)

序

Xu

城市公共交通是广大城市人民群众最主要的出行方式，是重要的社会公益性事业和服务型行业，关系民生和经济社会发展全局。党中央、国务院一直高度重视城市公共交通事业的发展。在各级城市人民政府和各有关部门的共同努力下，我国城市公交事业持续稳定发展。进入21世纪以来，我国确立并积极实施公共交通优先发展战略，推动了城市公交的快速发展。截至目前，全国已拥有公共汽电车37万辆，年运送旅客超过600亿人次，有力保障了人民群众出行。城市公共交通具有容量大、效率高、能耗少、污染小的显著特点，运送相同数量的乘客，公共交通的道路资源占有率仅为小汽车的10%左右；高峰时段公共交通的燃油消耗量和污染物排放比小汽车低80%以上。优先发展城市公共交通事业，既是保障民生的必然要求，又是实现城市低碳发展、可持续发展的客观要求，也是缓解城市拥堵、保证人民群众便利高效出行的根本途径。

党的十七大确定加快行政管理体制改革，探索实行职能有机统一的大部门体制。十一届全国人大一次会议通过的《国务院机构改革方案》，将指导城市客运的职责划入交通运输部，城市公共交通发展进入了新的历史时期，站在了新的起点上。2009年10月7日，胡锦涛总书记在视察北京市交通工作时明确指出："要解决好城市交通问题，必须充分发挥公共交通的重要作用，为广大群众提供快捷、安全、方便、舒适的公交服务，让广大群众愿意乘公交、更多乘公交。"2009年，温家宝总理先后就城市公交发展问题多次作出批示，要求全面深入研究落实公交优先发展战略，制定优先发展城市公交的政策。中央领导的重要指示，进一步指明了城市公共交通管理和优先发展的方向。当前和今后一段时期，我国正处于全面建设小康社会的关键历史阶段，经济社会快速发展，城镇化、机动化、城乡区域一体化进程加快，综合运输体系建设日益推进，城市公共交通需求旺盛。深入实施城市公共交通优先发展战略，提高公共交通的供给能力和服务质量，改善人民群众出行条件、缓解城市交通拥堵、降低能源消耗和污染物排放，已成为各级政府和交通运输部门共同面临的重大而紧迫的战略任务。

加快我国城市公共交通发展，是一项复杂而艰巨的系统工程，既需要各级政府和相关行业部门采取综合措施共同努力，也需要学习国外的先进经验。优先发展城市公共交通，已成为国际社会的广泛共识，并在世界许多城市成功实践。为学习借鉴国外先进经验，交通运输部道路运输司会同上海市交通运输和港口管理局、交通运输部科学研究院，组织有关专家编写了《世界主要城市公共交通》一书，分层次、多角度对世界部分主要城市公交发展的历史沿革、发展现状、成功实践和典型案例进行了全面梳理，从规划建设、运营管理、法规制度、财税政策等方面，系统总结了这些城市发展城市公交的经验，归纳了对推进我国城市公共交通优先发展的启示。他山之石，可以攻玉。相信本书的出版发行，将为各级城市人民政府及相关部门提供城市公共交通优先发展的决策参考，为城市公共交通运输管理工作提供有益帮助。

深入贯彻落实科学发展观，坚持以人为本，围绕建立“安全便捷、经济环保、诚信可靠、文明规范”的城市客运体系，大力推进城市公交发展投资安排优先、场站用地优先、路权分配优先、财税扶持优先、换乘衔接优先的“五个优先”发展战略，努力实现城市公共交通事业优先发展、清洁发展、安全发展、绿色发展，是各级交通运输部门和城市公共交通管理机构的重要使命。在大家的共同努力下，我们一定会为广大人民群众安全便捷出行提供可靠保障，为经济社会发展作出新的更大贡献。

交通运输部副部长 冯正霖

二〇一〇年三月十八日

编委会

Bianweihui

主　　任：李　刚

副 主 任：李作敏　孙建平

委　　员：徐亚华　李文辉　石宝林

编写组

Bianxiezu

主　　编：李　刚

副 主 编：陈毅影　江玉林

主要成员：蔡团结　徐文强　刘美银　刘　岷　郭谨一

彭　唬　吴洪洋　张柱庭　胡　磊　李华强

冯立光　刘蕾蕾　林　敏　张好智　许　飒

徐　剑　陈徐梅　吴心宏　蒋永年　曾　平

目录

Mulu

上篇　世界主要城市公共交通发展概况

下篇　世界主要城市公共交通发展经验

上篇

世界主要城市公共交通发展概况

Shijie Zhuyao Chengshi Gonggong Jiaotong Fazhan Gaikuang

概　述

建立便捷、畅通、安全、绿色的城市交通系统是城市发展的永恒主题。虽然世界各国城市因历史文化背景、经济社会发展水平和人口产业布局不同，影响着城市交通的发展历程，呈现出多样性的交通特征，但20世纪由城市化进程带来的交通问题，使各国普遍意识到城市公共交通的重要性，优先发展公共交通已成为国际社会的广泛共识。世界许多国家和地区因地制宜采取了多种政策措施，大力推进公共交通优先发展，积累了许多很有价值的经验，对于我国城市贯彻落实公共交通优先发展战略、推进城市公共交通又好又快发展具有重要的借鉴作用。

本书上篇侧重于客观、系统地描述世界主要城市在城市公共交通发展和管理方面的主要做法、经验等，重点介绍了城市背景、公共交通发展沿革、现状、公共交通管理机构与运营机制、管理政策与措施等内容，并对一些重点城市在公共交通发展过程中形成的极具特色的典型案例进行了详细介绍，例如香港的“地铁+物业”联合开发模式，首尔市2004年的公共交通改革，库里蒂巴的快速公交运营管理，新加坡的公共交通票价管理和服务质量监管等，以求为读者提供点面结合的参考材料。

在城市的选择上，主要考虑城市特点及城市公共交通发展的典型经验，从国际性大都市、区域性大城市、国家或地区性城市等三种类型城市中分别遴选了东京、巴黎、纽约、悉尼等16个具有代表性的城市，并按照亚洲、欧洲、美洲、澳洲和非洲的顺序进行排列和介绍。

本书的资料和数据主要来源于编写人员实地考察时收集的资料、国际城市公共交通研究文献以及国际城市官方统计网站等渠道，力求数据真实可靠。

第一章　新　加　坡

新加坡长期致力于建立一体化的公共交通服务体系，将城市公共交通定位为能与小汽车竞争的、高品质的交通方式。通过完善运营管理制度，充分发挥政府调控和市场竞争的双重作用，促进了公共交通系统运营效率和服务水平的不断提升。通过采取有效的交通需求管理政策，合理调控公众的出行行为，实现了城市交通与城市发展的良性互动。

一、城市背景

新加坡是东南亚岛屿国家，常住人口约500万，其中新加坡籍居民384万，面积约700平方公里。人口密度约6800人/平方公里。新加坡地理位置独特，但自然资源缺乏，一直采取优惠政策吸引外资进行制造业、金融业、商业等方面的投资。

截至2006年，新加坡各类道路网络长度为3300多公里，其中快速路150多公里，机动车总量79.94万辆，其中各类轿车（出租车除外）总量为47.23万辆，且绝大部分为私人轿车，约42.2万辆。

二、公共交通发展沿革

新加坡公共交通经历了自由发展、政府强力干预和政府适度宏观调控三个时期，政府在促进公共交通发展方面发挥着越来越重要的作用。

（一）自由发展时期

1902年新加坡有轨电车公司成立，1905年有轨电车开始运营。1925年新加坡动力公司成立，接管了有轨电车运营业务，成为主要的公共交通运营公司。在郊区，主要由个体单位经营零散的公共汽车业务，后来逐渐发展为一些由华人经营的小型公共交通公司。这一时期，政府很少关注公共交通事务，公共交通处于政府管制失效状态。二战后，虽然新加坡公共交通线路不断增加，但直至1965年新加坡独立，既有的公共交通服务仍严重滞后于经济社会发展的需求。

（二）政府强力干预时期

20世纪70年代初，新加坡有11家公共交通公司，经营117条线路。每家公司服务于不同区域，没有统一规定的票价、路线和运营时间表，公共交通服务水平比较落后。政府逐步认识到提高公共交通服务的重要性和私人小企业经营公共交通业务的弊端，开始干预公共交通的发展。为克服管理障碍，首先选派政府官员介入，并努力改善公共交通财政状况。1971年，政府制定了《新加坡重组汽车运输服务》白皮书，强制性地将11家小型公共交通企业合并成3家大公司。1973年，政府进一步将这3家公司整合，成立了新加坡巴士公司，该公司于1978年在新加坡证券交易所上市；1982年，第二家公共交通运营企业——八达巴士公司成立；1987年，城市轨道交通公司开始运营，形成市场适度竞争格局。

（三）政府适度宏观调控时期

2001年，受“公共汽车—轨道交通联合运输”模式的启发，新加坡诞生了第一家公共汽车与轨道交通联运企业，即城市轨道交通公司收购了八达巴士公司的公共交通运营业务，成立了城市轨道交通公司下属的巴士公司。2003年，新加坡巴士公司也开始经营轨道交通运营业务。至此，政府不再过多干预运营事务，主要在总体发展上进行宏观调控。

三、公共交通现状

新加坡公共交通由城市地铁系统（新加坡称之为捷运系统）、轻轨系统、公共汽车系统组成。以地铁为主，其他客运方式为辅，各种交通方式之间优势互补、协调发展。新加坡坚持实施有效的公共交通发展策略。目前，公共交通承担出行总量比例达到63%，远期目标将达到75%。

地铁是新加坡公共交通系统的主干，2009 年新加坡地铁运营线路总长 118.9 公里（预计 2020 年地铁运营线路里程将达到 278 公里），78 个站点，基本覆盖新加坡主要地区，日均客运量约 195 万人次，承担了连接主要地区间交通干线的大部分客流，确保了整个交通系统的工作效率和服务能力。

城市轻轨系统是城市地铁系统的补充和拓展，现有运营线路 29 公里，43 个站点，主要用于连接地铁站与主要居住区和商业区，从每个轻轨车站到附近的公寓最大步行距离一般不超过 400 米。新加坡轨道交通网络布局如图 1-1 所示。

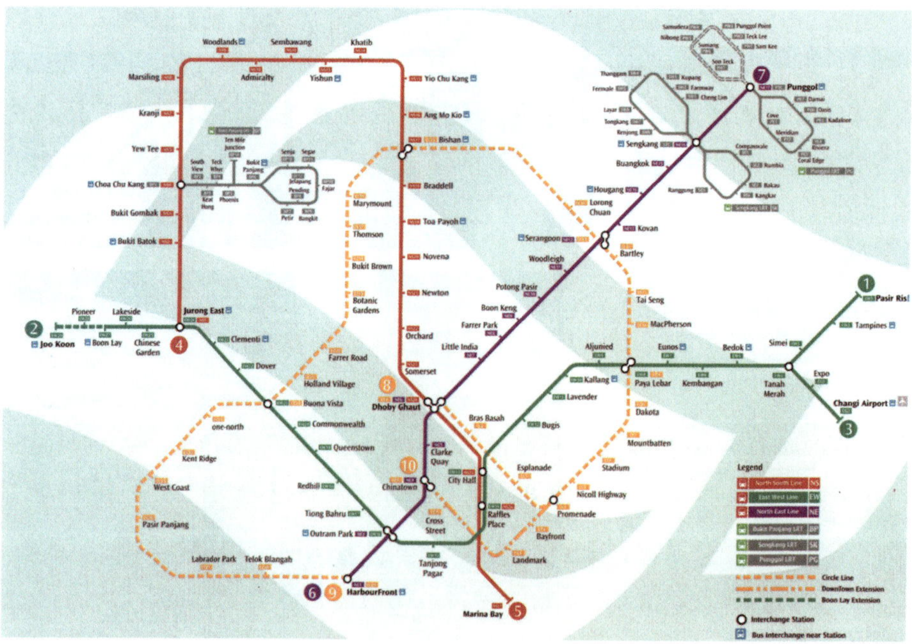

图 1-1 新加坡轨道交通网络布局图

公共汽车系统以承担区域内部和相邻区域间的近距离交通为主，有线路 300 多条，运营车辆 3700 多辆，日均客运量 280 万人次。新加坡公共交通车辆与公交专用道如图 1-2 所示。公共汽车中转站用电子公告板提供公共交通信息服务，方便乘客选择线路和交通方式。另外，公共汽车均采用公共交通卡自动计费，同时该卡也可用于地铁和轻轨等交通方式，提高了运行效率。

图 1-2　新加坡公共交通车辆与公交专用道

四、公共交通管理机构与运营机制

（一）管理机构

新加坡公共交通由陆路交通管理局负责管理。1995 年 9 月，政府成立陆路交通管理局，隶属交通部，负责陆路及公共交通的规划、发展、实施和管理。新加坡交通部组织结构及陆路交通管理局组织结构分别如图 1-3、图 1-4

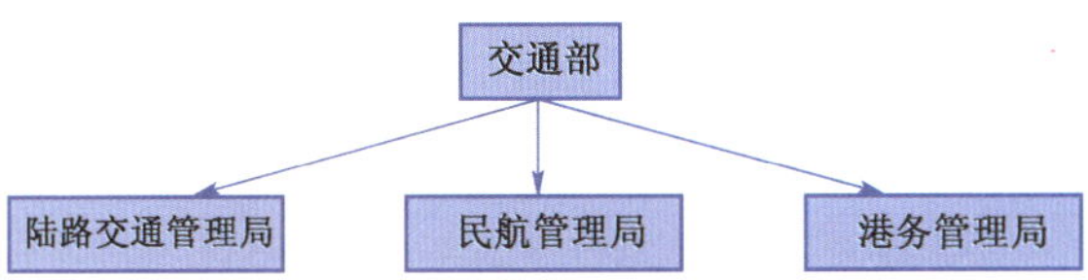

图 1-3　新加坡交通部组织结构图

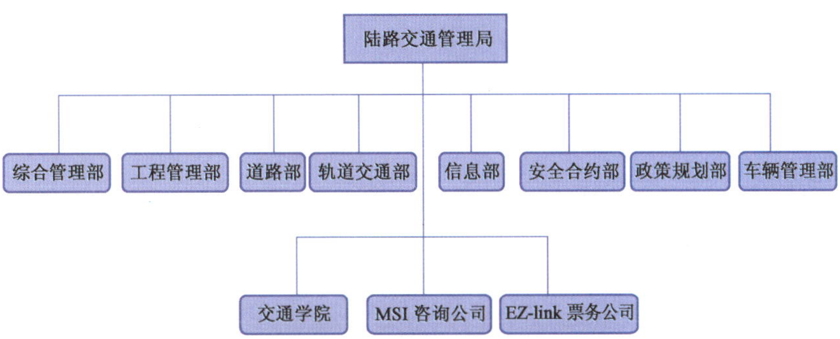

图 1-4　新加坡陆路交通管理局组织结构图

所示。公共汽车、轨道交通行业的服务监管和票价等由公共交通委员会(PCT)负责管理,该委员会不受政府的直接干预,但其15名成员由交通部任命,成员分别来自社会各个阶层,广泛代表公众意见,使其决策更容易被乘客接受。公共交通委员会的具体职责是批准新的公共交通线路、规范服务标准、核准轨道交通和公共汽电车的票价等。

(二)运营模式

新加坡高效、舒适的公共交通系统的关键是建立了一体化的公共交通服务体系。新加坡政府提出:提供全面的公共交通服务,关键在于使各种方式在合理收费的情况下发展到最高水平,为乘客提供全方位的便捷、顺畅的出行服务。

1. 公共汽车与轨道交通联合经营

目前,新加坡公共交通服务分为两个区域,由两家上市公司——城市轨道交通公司和新加坡巴士公司分别经营各自专营区内的公共交通服务,专营区之间的服务则由双方共同提供。两家公司均经营轨道交通和公共汽车,但又有所侧重。城市轨道交通公司主要经营地铁业务,新加坡巴士公司主要经营公共汽车业务。城市轨道交通是集团公司,下属的轨道交通公司、轻轨交通公司和八达巴士公司三家专业子公司分别负责地铁、轻轨和公共汽车的运营业务;而新加坡巴士公司则统一经营公共汽车、地铁和轻轨业务。

两家运营公司通过联合创办的通联公司制订详细的公共交通服务规划,报送陆路交通管理局和公共交通委员会审批,有效地避免了公共汽车与轨道交通的重复竞争,促进了公共汽车与轨道的一体化发展。

2. 公共交通运营市场化

新加坡公共交通采用市场化的运营管理模式,政府只负责投资建设道路及轨道交通场站等公共交通基础设施,通常不补贴运营成本与更新成本,运营成本、车辆维护和折旧费用等由城市轨道交通公司和新加坡巴士公司自负盈亏。企业在指定区域内的公共交通运营中,更注重对客流调查、运营测算等进行分析,并满足公共交通监管部门制定的服务标准。2008年,新加坡巴士服务改革，由陆路交通管理局负责线路规划，把不同线路“捆绑”招投标经营。由于管理有效并不断进行运营改革，而且票价接近市场定价，在没有政府财政补贴的情况下，这两家公司保持平稳运营，并实现一定盈利。

五、公共交通管理政策与措施

（一）总体政策导向

1996 年 1 月，新加坡陆路交通管理局发布了《打造世界级的陆路交通系统》的交通白皮书。白皮书在展望新加坡未来交通时指出：在今后的 10 ~ 15 年将努力提供一个基础设施完善、高标准的交通服务系统，以满足日益增长的人口和经济发展对交通的需求，该系统要高质高效、方便可达、舒适安全、快速且票价合理。

新加坡将城市公共交通作为一种能与轿车竞争的、高品质的交通方式来定位，积极提高城市公共交通出行比例和服务水平。在规划层面上将公共交通与城市总体规划紧密结合起来，“放射状”大容量公共交通系统支撑的“星系”城镇体系规划，确立了公共交通在引导城市发展中的重要地位。此外，新加坡在道路系统总里程增长缓慢的情况下，非常注重调整路网结构的功能级配。2004 年城市快速路、主干路、次干路和支路的比例为 1∶4∶3∶13，由于支路系统发达，使得城市道路微循环系统能有效地对交通流量进行疏解，同时为公共汽车网络的布设创造了良好的基础条件。

（二）票价管理

新加坡政府将公共交通票价与经济发展、工资水平和生产力挂钩，并认为乘客应该分享公共交通行业生产力提高所得的一半利益。公共交通委员会将收入位于总抽样量 21% ~40% 区间的中低收入家庭作为一般乘客代表，评估票价涨幅是否合理，力求将运营公司的生产力收益的一部分转给消费者，以兼顾公司的可持续发展和公众的承受力，公共交通票价调整公式为：

$$最大票价调整幅度 = 价格指数 - 生产力提高获得的利益$$

$$价格指数 = 0.5CPI + 0.5WI$$

式中:CPI——上年消费者价格指数的变化;

WI——上年每月职工平均收入的变化,由职工 CPF(公积金)分担额的变化推算。

票价公式灵活、透明,直接反映了经营环境,把上年的消费物价指数及工资变动计算在内,再扣除公共交通公司因生产力增长而获得的利益。

新加坡公共交通票制有两种:一种是一票制,另一种是根据乘坐距离定价的票制。一票制主要用于短途接驳的支线公共交通,干线和快速公共交通线路及地铁票价根据乘距来进行计费。各种公共交通方式之间在一定时间内换乘实行优惠,即只要在下车后 45 分钟内换乘就可以得到一定的优惠折扣。但规定最多换乘次数为 3 次,并且最后一次换乘的上车时间距离第一次上车时间必须控制在 2 小时内,否则就认为是第二次出行。新加坡通联公司专门负责管理一体化票价系统,乘客使用一张交通卡,就可在不同的公共交通方式上使用,并能享受不同方式之间换乘的优惠折扣。

(三)服务质量管理

新加坡公共交通委员会通过定期审核的方式,确保两家公共交通公司遵守委员会服务条款的规定,按要求提供符合标准的运营服务。发车间隔也要得到乘客的认可,即使在客流较小的地区也如此,以确保大多数区域的居民都可以享受同样的公共交通服务。服务标准主要内容包括:线路规划、线路直达性、线路可达性、地铁站与公共汽车接驳、线路长度(如长度大于 25 公里的线路所占比例不超过 20%)、发车频率、公共汽车载客量(如高峰期平均公共交通车辆载客量不得超过核定载客量的 80%)、空调车比例(最小占 80%)、线路信息(通过公交站点、电话和网站服务发布)、发车间隔等。

公共交通委员会邀请公众通过网络、民意调查等途径直接反映意见,由此评价各公共交通公司的服务质量。对不符合要求的公司,公共交通委员会有权进行处罚。对于乘客连续两年对某公共交通公司投诉比较集中的问题(如在高峰时段等待时间过长或车辆过度拥挤等),公共交通委员会给予该公司一定的处罚。

在政府管理部门和公共交通委员会的监管下，公共交通运营公司必须加强日常管理，严格执行公共交通运营规范，不断提高服务标准；运营服务人员须经过业务培训和技能考评，确保为乘客提供满意的服务，并能有效应对突发事件。

(四)土地利用与交通规划相结合

1971年，新加坡城市规划推出了新加坡的第一个概念性规划，提出了新加坡城市规划最重要和最基本的原则是：土地利用和交通规划必须始终是一个统一的综合体。陆路交通管理局以提供世界级的城市交通系统为宗旨，制订了对轨道交通站点周围的土地进行集住宅、工业、商业等多功能综合开发的目标，逐渐形成了在轨道交通站点周围高密度、多功能开发的局面。

新加坡中央商业区是各主要银行、大型机构总部的所在地，也是宾馆、高档商业中心的聚集地，是新加坡最为繁华的地区。设在中央商业区外围的24个新城，是新加坡居民的主要居住地。新加坡的交通系统以为人们提供高质量的交通服务为宗旨，大多数的新城由轨道交通线相连接，且轨道交通站点多位于新城的中心位置。轨道交通及巴士运输系统将新城与新城、新城与中央商业区及工业园区相互连接起来。新加坡所有的居住区、商业区、工业区都临近公共交通站点，人们在步行不超过400米的范围内都可以找到公共交通站点。

新加坡以公共交通为纽带的城市格局，强化了人们选择公共交通作为出行工具的取向，而这种取向又使人们将公共交通站点，特别是轨道交通站点周边作为自己居住、工作和购物的首选地点，因而进一步带动了站点周围住宅及商业配套设施的开发，推动土地增值，整个城市的发展也逐渐形成了以公共交通为导向的发展局面。

(五)交通需求管理

为了在有限的土地面积上有效地解决交通问题，新加坡政府除了大力发展公共交通系统外，还严格限制私人购买和使用小汽车，采用车辆配额系统和电子道路收费系统来控制私人小汽车的拥有和使用。

1. 车辆配额系统

新加坡于1990年5月1日开始引入车辆配额系统(VQS)。车辆配额系统将车辆分为五大类型(见表1-1)，政府在综合考虑上一年车辆的总数、每年允许增加额度和报废车辆数等多种因素的基础上，计算出本年度车辆增长率，即车辆配额，同时也会结合实际情况做出进一步的调整。

车辆配额系统对车辆类型的分类表　　表1-1

类型	A	B	C	D	E
车辆种类	汽车(排量1.6升及以下)和出租车	汽车(排量1.6升以上)	货车和公共汽车	摩托车	“公开组别”(包括各类型车辆)

注：资料来源于www.lta.gov.sg。

根据车辆配额系统，除公共汽车和特殊用途的车辆外，购买新车必须持有拥车证，不同类型车辆的拥车证价格由市场动态决定。拥车证价格通过每月进行电子投标来决定，每个月交通管理部门会发出一定比例(平均不超过3%)的“拥车证”在社会上公示标售。所有中标者中的最低报价(也称配额费)即成为该月的拥车证价格，同时所有中标者均按照该价格支付拥车费用，企业用车则需要支付同类型车的双倍价格。一个拥车证可以在6个月之内注册一辆新车，从注册日期开始有效期为10年，出租车为8年。拥车证有效期满后，车主如果要继续使用原来的汽车，必须根据最近3个月拥车证的平均价格另外购买5年或10年期限的拥车证。

由于实施了车辆配额系统，新加坡机动车拥有量增加缓慢。1995年机动车64.2万辆，2006年仅增加到79.9万辆，其中轿车从1995年的35.4万辆增加到2006年的47.2万辆。每年机动车和轿车增长量均控制在3%之内，从源头上有效控制了机动车拥有量。

2. 电子道路收费系统

1975年，新加坡引入地区通行证制度用于调节道路拥挤状况。1996年6月，道路收费制度在东海岸路实施，用户必须按日或按月以购买通行券的形式进行注册才可获得用路权，有专人在限制使用的道路入口进行检查。鉴于通行证制度和道路收费制度采用人工操作，效率和覆盖面积都受到很大限制，新加坡陆路交通管理局于1998年4月实施了著名的电子道路收费系统，成为世界上第一个在大范围内通过实施电子收费来缓解高峰时段交通拥挤的国家，如图1-5所示。

图1-5　新加坡电子道路收费系统

实施电子道路收费的前提条件是在车辆上安装计费系统，新加坡70多万机动车辆中，约有96%安装了计费系统。电子道路收费的实施，使用户避免在不必要的时候进入控制区域，而一旦用户在规定时段进入交通比较拥挤甚至阻塞的中央商务区、乌节路商业街和城市快速路等控制区域时，电子道路收费系统就会在车辆通过瞬间，根据车辆种类自动从安装于车辆内的现金卡中扣除应付费用，从而达到减少控制区域车辆、缓解阻塞的目的。收费的费率是可调整的，规定每三个月实地调查车速后决定是否调整费率。调整的依据是车速，设定快速路正常车速为45~65公里/小时，收费区域主要道路正常车速为20~30公里/小时，在设定的正常车速内，维持费率不变，如果实地调查的车速超过设定车速，就适当调低收费费率；反之，则调高收费费率。

车辆配额系统增加了用户购车的固定成本，电子道路收费系统则增加了使用车辆的动态成本。新加坡政府通过综合应用这两种系统，对长期和短期、静态和动态交通需求进行调控，有力地保证了以公共交通系统为导向的交通发展战略的实施。

3. 停车换乘系统

新加坡的停车—换乘系统主要是基于轨道交通的换乘方式和公共汽车的换乘方式相结合建设的，大多都建在地铁和轻轨附近，轿车可以免费停放在换乘系统的停车场内，然后驾车者换乘公共交通去市中心。轻轨的起点和终点站与地铁站衔接，乘客通过换乘走廊不用出站即可方便地进行换乘。20 世纪 90 年代以来，政府还在几个客流量较大的车站下面建造了公共汽车换乘站，将附近的公共汽车站调整迁入到换乘站，方便乘客换乘。

（六）政府扶持政策

1. 对公共交通实行扶持政策

新加坡政府对公共交通通常不提供直接的财政补贴，主要采取政策扶持：一是实施使用设施低价租用政策。枢纽和终点站租金 12 新元/年·平方米。二是实行优惠购车政策。公共汽车免拥车证费用、减免 50% 车辆进口税、附加注册费仅为市场指导价的 5%（其他车辆为市场指导价的 110%）。三是政府投资建设非接触式智能卡系统（包括软件费用）。四是社会共同助贫。公共交通运营公司给贫困家庭发放乘车代币券；社会发展、青年及体育部、社区发展委员会和社会自发组织帮助贫困家庭。五是给予企业较大自主权。通过推行一卡通、应用智能化管理、优化公交线网、实行无人售票等，不断降低成本。

2. 强制实行燃油平准基金

1992 年起，政府要求建立燃油平准基金，规定公共交通运营企业设立专用账户，作为应对短期油价上涨的基金。基金从企业收入里提取，公共交通委员会给出最近 5 年平均市场动态燃油价格作为参考价格，企业每年累计上交基金直至达到预定额度（至少等于企业按照公共交通委员会提出的参考燃料价格计算的一年燃料消耗费用）。当实际采购价格低于参考油价时，提取差额部分注入基金；高于参考油价时，可提取基金来缓解燃料价格短期急剧上涨的压力。

第二章　韩 国 首 尔

首尔市于2004年实施了全面系统的公共交通改革，线路资源开始由政府管理，公共交通企业通过竞标方式获得经营权。政府对公共交通线路、时刻表、票价、票款分配、服务质量等实施全面控制和监管。首尔建立了规范的公共交通补贴补偿制度，对公共交通企业实施收支分离，鼓励企业保证运营供应和提高服务质量。

一、城市背景

首尔市是直接受中央管辖的地方自治"特别市"，面积605.4平方公里，占韩国国土面积的0.6%。汉江穿过整个城市，将其划分为旧城和新城两部分，共有25个区，曾经举办过1986年亚运会、1988年奥运会及2002年世界杯足球赛。

截至2007年年底，整个大都市区人口为2410多万（包括首尔市、仁川和永济地区）。其中，首尔市人口1000多万，人口密度约为1.7万人/平方公里，2007年全市经济总量为1940亿美元，平均每户家庭月收入3700美元，在世界城市GDP排名中，名列第11位；在世界城市竞争力排名中，名列第27位。

二、公共交通发展沿革

（一）改革前状况

首尔市于1953年开通第一条公共交通线路后，公共交通服务一直由私人运营商承担。私人运营商具有线路设立、运营安排、服务规范等事项的决定权，政府只保留票价的制定权和承担对公共交通企业的补贴责任。在这种放松管制模式下，公共交通服务较差，存在两个明显问题：一是争抢客源引发严重的恶性竞争;二是线网整合性差,难以充分发挥公共交通的网络功能。

20世纪80年代中期,随着私家车的增多以及道路交通拥堵的加剧,公共汽电车运行准点率更是难以保证,服务质量明显下降,居民出行越来越多地选择了地铁和私家车。2002年,在地铁、公共汽电车、轿车、出租车4种出行方式中,公共汽电车出行分担率由1980年的68%下降到27.6%,市场萎缩使部分经营者无奈退出公共汽电车服务领域。与此同时,首尔市财政补贴额却由1999年的900万美元增加到1.1亿美元。

(二)改革目标和措施

2004年7月1日起,首尔开始实施全面系统的公共交通改革,力求通过推行交通可持续发展的理念,实现管理创新。公共交通改革的主要目标为:实施体制、机制的系统改革,扎实推进公共交通优先战略;坚持以人为本的理念,整合公共交通核心资源,提升公共交通服务时间、空间的覆盖面,提供经济、方便、舒适的服务,增强公共交通的核心竞争力;将公共交通出行比例提高到70%作为核心目标。

目前,首尔"半官方运行"的公共交通方式,是一个包含运作机制、线网规划、收费和支付系统、补贴机制及信息化支撑的完整系统。在改革过程中,政府收回公交线路、服务标准、运营计划等决策权,保留私人运营公司,致力于形成一个以干线为主要客流通道、支线连接城市内外各个区域、换乘枢纽作为衔接点的高效便捷、衔接顺畅的多层级线网结构。推出公共汽电车和地铁服务统一协调的票价结构,由一票一乘制改为一票多乘制,在公共汽电车线路之间以及地铁与公共汽电车之间免费换乘。建立完善了政府补贴和服务质量监管机制,对服务质量考核好的公共交通企业,在满足企业获得基本利润的基础上,还给予一定的考核奖励。此外,还建立了一套全新的公共交通管理信息系统,并为每一辆公共汽电车配备了全球定位系统。

(三)改革成效

首尔公共交通改革取得了较为明显的成效,客流大幅增长,服务水平显著提升。

1. 乘客满意度逐步提高

乘客满意度指数变化显示，改革4个月后，就有近90%乘客对公共交通服务和公共交通改革给予肯定评价。乘客满意度指数提高的主要原因：一是公共汽电车行驶速度加快，由于实行快速公交专用道制度，车辆速度由原来的11~15公里/小时，提高到22公里/小时；二是公共汽电车准点率提高，到站时间偏差缩短为1至2分钟。

2. 公共交通客运量增加

改革的第一个月由于新的票价结构和服务方式与人们原有出行习惯的不一致，公共汽电车客运量同比下降。但两个月后，日均客运量同比增加40.6万人次，增长率为9%；一年后，日均客运量增加70.5万人次，增长率高达14%。地铁客运量在公共交通改革前后基本保持不变。

3. 公共交通事故下降

首尔公共交通改革后，公共汽电车事故与受伤人员的数量均降低30%以上。

三、公共交通现状

截至2007年年底，首尔共有公共汽电车运营企业68家（其中4家为刚成立的新企业），日均客运量为550万人次，市区平均车速为22.9公里/小时。公共汽车7740多辆（图2-1），从业人员16460多人，人车比约为2.13:1。首尔市公共汽车驾驶员收入相对其他运输行业人员高出很多，每年收入约3800万韩元。

图2-1　首尔市公共交通车辆

首尔将发展轨道交通作为解决交通问题的重要战略。截至 2008 年,首尔市共有 8 条地铁线路(不含国铁),线路总长 287 公里,站点 389 个,其中换乘枢纽站 45 个,首尔市轨道交通网络布局如图 2-2 所示。第一条地铁线于 1974 年开通,1988 年首尔奥林匹克运动会举办时已有 4 条线投入运营,1996 年至 2000 年又建成 4 条线路。首尔地铁承担了市内和周边旅客出行总运量的 35% ~40% ,日均客运量 652.5 万人次。

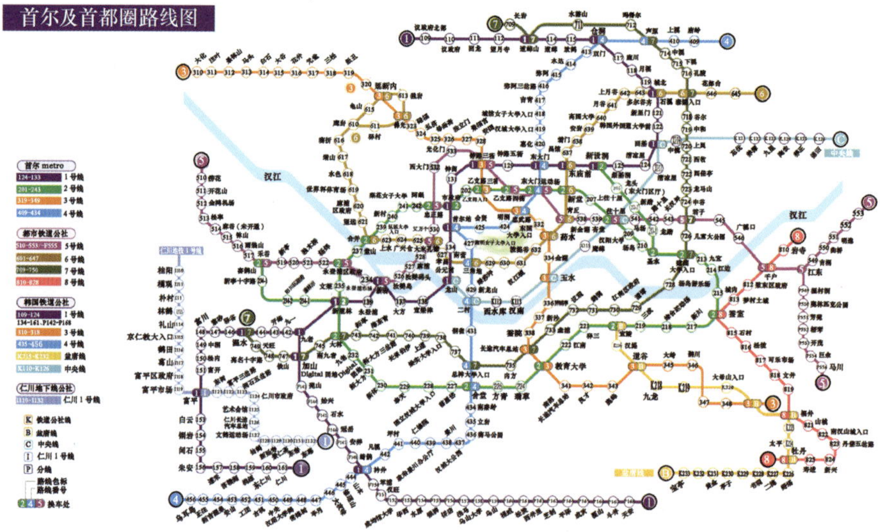

图 2-2　首尔市轨道交通网络布局图

四、公共交通管理机构与运营机制

(一)管理机构

1. 首尔大都市交通局

首尔大都市交通局是大都市区的交通主管部门,根据 2005 年 2 月颁布的地方政府法成立的政府机构,由首尔、仁川、京畿等省级地方政府联合组建,其目的是加强首尔市及相邻地区交通领域的协调和合作,更加有效地解决首尔大都市区交通问题。大都市交通局下设规划协调部、交通设施管理部,成员约 50 名,由首尔、仁川、京畿等地方省级政府派出。大都市交通局的主要职责是创建以公共交通为核心的大都会交通系统,修改调整大都会区的交通政策，研究交通需求管理政策等。近期，大都市交通局正大力推进首尔—京畿、首尔—仁川快速公交专用道建设。

与此同时，还成立了大都市交通局委员会，由大都市交通局部门负责人、交通领域专家、地方议会成员、建设交通部负责人等15名人员组成，其中首尔政府推荐5名、京畿政府推荐5名、仁川政府推荐3名、建设交通部推荐2名（含建设交通部推荐的专家1名）。大都市交通局委员会的职责包括修改大都市交通局协议、决定或修改大都市交通局的重要方案、批准大都市交通局财政预算等。

2. 首尔市市民政策委员会

为协调各方利益，顺利实施公共交通系统改革，首尔于2003年8月成立"公共交通系统改革公民委员会"。该委员会在推进公共交通改革中发挥了巨大的作用，委员会主要以仲裁方和协调人的身份，代替政府负责协调各方利益关系。2004年公共交通改革顺利实施后，该机构撤销，取而代之的是"首尔市市民政策委员会"。"首尔市市民政策委员会"由首尔市政府相关部门、市民团体、企业和专家组成，任何针对公共交通系统的政策调整都必须经过该委员会的同意。

3. 公共交通协会

首尔公共交通协会在公共交通发展中具有举足轻重的作用。协会在企业中具有很高的权威，既是企业利益代表又是政府与企业之间的桥梁。公共交通协会既受公共交通企业委托，与政府协商企业盈利率和补贴标准等，同时又受政府委托，负责企业间利益的平衡和票款的清分。由此，政府既规避了直接平衡企业利益的矛盾，又降低了公共成本，提高了效率。公共汽车广告收入归协会统一管理，根据政府要求使用。

（二）运营机制

1. 地铁实行有竞争的公有公营模式

首尔地铁由政府负责出资建设，为政府所有，国有运营企业通过招标方式获得经营权。在这种模式下，票价带有福利性，地铁运营企业不能过分重视盈利，但由于创造了一定的竞争环境，客观上提高了企业的主观能动性。已经开通运营的8条地铁线路中，由首尔地铁公司和首尔快速城市轨道交通公司两家公营企业共同经营。首尔地铁公司主要经营1至4号线，首尔快速城市轨道交通公司主要负责经营5至8号线，形成相辅相成、互相竞争的体制，促进了地铁的经营发展。两家企业的收费标准基本相同，竞争主要体现在改善服务质量方面，如通过开通文化艺术列车，既改善了企业形象，也促进了设备的更新和新技术的应用。地铁运营企业享有一定的税费优惠政策，如地铁获得不动产和注册是免税的，也不用交纳所得税、城市建设税和营业税。目前，首尔地铁发展遇到的问题之一是经营亏损。对于地铁运营的亏损部分，从运输税务系统中提供一定的补助金，同时政府注入额外的资金发行债券加以弥补。

2. 公共汽电车运营政府管制与竞争招标相结合

首尔公共汽电车采用政府管制与竞争性招标相结合的行业运作机制。首先，实现公共交通管制政策的重大转变。私人运营企业虽然继续存在，但收回了公交线路、服务标准、运营计划的决策权；其次，按照“自主选择，公开透明”的原则，对既有线路采取竞争与协商相结合的方式，确定运营企业。运营企业先组成协调机构自行磋商、调整，在此基础上签订共同遵守的“运行协定”，并与政府主管部门协商，经批准后付诸实施；再次，对新辟线路通过竞争性招标选定经营者。

同时，政府对运营企业实施收支两条线的营收管理，并以线路招投标和运营服务质量考核为抓手，以运营企业营收联合管理机制为核心，形成闭环管理的体制和机制。首尔市公共交通管理流程图如图2-3所示。

截至2007年年底，未发生运营企业因某条线路运营不善而退出运营的情况。主要原因是：一方面，首尔社会诚信体系比较健全，企业普遍守法。另一方面，政府对一些确实经营不善的企业，实施年度线路调整，新辟一些线路以置换其经营不善的线路，或将这些线路从经营不善的企业置换到经营良好的企业，而不是责令这些企业退出市场运营。但随着线路竞争越来越激烈，对政府约束公共交通服务质量的要求也越来越强烈。目前，首尔市正在研究尝试根据招投标服务合同要求，建立线路和企业退出机制。

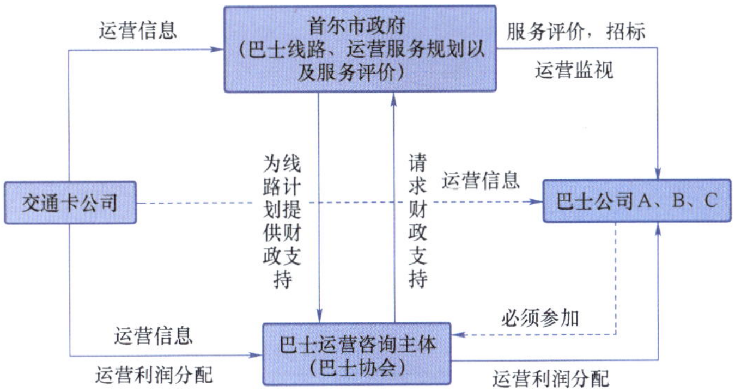

图 2-3　管理流程图

五、公共交通管理政策与措施

(一)线网规划和专用道建设

政府构建了以“线路连接为导向的公共交通系统”，将长距离或迂回重叠的线路作为调整重点。整合后共有公共汽电车线路462条，平均长度降低，加上大力建设公交专用道，公共交通运行的稳定性和可靠性大大提高。

1. 全面调整公共交通线网

首尔市2004年推行公共交通改革时，分批对全市所有公交线路重新进行了规划设计和编码，从号码和颜色上就可以了解公交线路大致的走向。该编码体系以首尔市及外围地区区域划分编码为基础(见表2-1和图2-4)。

首尔市分区表　　表2-1

编号	0	1	2	3	4	5	6	7
包含区域	钟路区 中区 龙山区	道峰区 江北区 城北区 芦原区	东大门区 中浪区 城东区 广津区	江东区 松坡区	瑞草区 江南区	铜雀区 冠岳区 衿川区	江西区 阳川区 永登浦区 九老区	恩平区 麻浦区 西大门区

首尔市外围共划分为7大区域(见表2-2)。

首尔市外围分区表

表2-2

编号	1	2	3	4	5	6	7
包含区域	议政府市 杨州市 抱川市	九里市 南杨州市	河南市 广州市	城南市 龙仁市	安养市 果川市 仪旺市 安山市 军浦市 水原市	仁川市 富川市 金浦市 光明市 始兴市	坡州市 高阳市

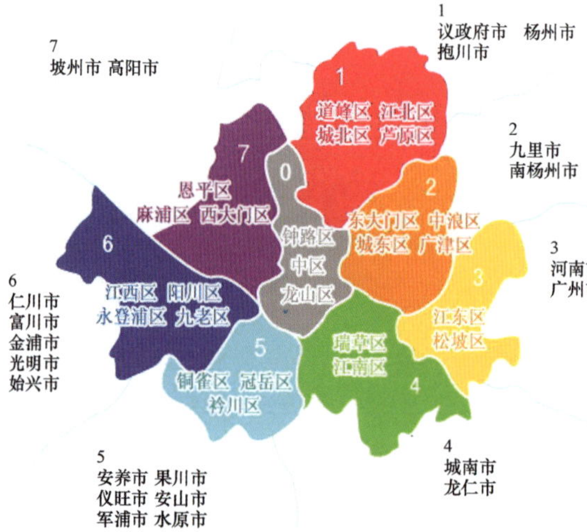

图2-4 首尔市分区示意图

在上述区域划分的基础上,首尔市的公共汽电车线路具体分为四类:

蓝车——干线,行驶在主干道、公交专用道上的市区跨区域线路,连接首尔市内各区域中心。

绿车——支线,向干线和地铁站运送乘客。

红车——市郊快线,连接首尔市与各卫星城。

黄车——市内环线,在市区内环线运行。

首尔市公共汽电车线路每年可调整4次,线路调整必须经过专门的线路审查机构同意。首尔公共交通改革以来,主要根据客流因素,逐步取消了约100条公交线路,调整了部分线路。撤销线路一般以不产生公共交通空白区域为前提,并提前10~20天在每个站点进行公示。但至2007年年底,首尔尚未真正建立公共交通线网优化机制，每年市政府委托一两家研究机构开展相关理论研究工作，研究成果作为政府年度工作评估参考。为改变上述情况首尔市政府正在着手建立健全公共交通线网优化机制。

首尔公共交通线路编码体系

● 蓝车。采用3位号码编码，格式为：出发区域+到达区域+序号(0－9)。

例：048路

0：从0所对应的首尔钟路区、中区、龙山区出发；

4：到达4所对应的首尔市瑞草区、江南区；

8：序号。

● 绿车。采用4位号码编码，格式为：出发区域+到达区域+序号(11－99)。

例：1013路

1：从1所对应的首尔市道峰区、江北区、城北区、芦原区出发；

0：到达0所对应的首尔市钟路区、中区、龙山区；

13：序号。

● 红车。采用4位号码编码，格式为：9(广域号码)+出发区域+序号(00－99)。

例：9112路

9：代表广域(即大范围)的数字9常附于红车上；

1：从1所对应的首尔外围议政府市、杨州市、抱川市出发；

12：序号。

● 黄车。采用2位号码编码，格式为：区域号码+序号(1－9)。

例：01

0：从循环于0所对应的首尔钟路区、中区、龙山区出发；

1：序号。

2.建设中央式公交专用道

设置中央式公交专用道是首尔市公共交通改革成功的关键之一。政府明确规定,凡单向3车道以上、公共汽电车流量达到150辆/小时以上的道路,规划建设中央式公交专用道。公交专用道建设主要由首尔市政府负责,在协调警察、交通、市政等部门的基础上制订建设计划。首尔市规划建设中央式公交专用道191.2公里,覆盖16个客运通道。2007年已建成中央式专用道73.5公里,覆盖8个客运通道。计划于2010年建成中央式公交专用道117.6公里,覆盖12个客运通道。三个客运通道实施中央式专用道后车速、人次的前后数据对比情况见表2-3。

实施专用道前后对比

表2-3

客运通道	原车速	现车速	提高百分比	原人次	现人次	提高百分比
Dobong-mia	11公里/小时	22公里/小时	100%	2200万	2506万	15.3%
Susaek-seounsan	13公里/小时	21.5公里/小时	65%	1900万	2263万	19.1%
Gandnam	13公里/小时	17.5公里/小时	35%	1100万	1514万	37.6%

同时,首尔市实施了严格的专用道管理制度。路侧专用道高峰时段供支线公共汽车使用,中央式专用道全天专供中心城区与郊区的市郊快线和卫星城之间的快线运营,从而有效提高了公共汽电车行驶速度,增强了公共交通的可靠性。为确保专用道制度实施,首尔市制定相应法律规定并严格执法,在所有专用道安装了电子监视系统,摄像机24小时开通,违反“专用专线”的车辆,大中型车辆罚款6万韩元,轿车罚款5万韩元,违反交通信号规定罚款7万韩元。

(二)票价管理

1.定期调整公共交通票价

首尔市议会授权首尔市政府,可根据经济发展,每两年调整一次公共交通基准票价。一般由企业和协会向政府管理部门提出调价要求,经审核向总统报告后由市长批准执行。尽管不需要市议会批准,但为了减少阻力,市政府也会事先征求市议会意见。2004 年公共交通改革时确定单一票价为 800 韩元,2007 年上调至 900 韩元。

2. 推行公共交通换乘优惠

首尔公共交通改革时,统一了轨道交通和公共汽电车费率,同时根据市内公共汽电车线路长度大多数不超过 10 公里的现状,实行基础票价和等级票价相结合的票制。使用交通卡乘坐公共汽电车中的蓝车(在首尔 8 大区域内的两个区域以上运行的汽车)、绿车(在首尔 8 大区域中的一个区域内运行的汽车)、黄车和地铁实行单一票价 900 韩元,7～12 岁儿童实行单一票价 400 韩元;乘坐 10 公里内可免费换乘 4 次,超过 10 公里每 5 公里增加 100 韩元,每次换乘间隔有效时间不超过半小时。因此,理论上说,900 韩元基础票价可以乘坐 10 公里,换乘 4 次,累计换乘时间 2 小时。例如,使用交通卡乘坐地铁 14 公里后,30 分钟内换乘公共汽车再乘坐 5 公里,根据综合车费制度,总乘距 19 公里,其中 10 公里的基础票价为 900 韩元,增加的 9 公里须支付 200 韩元,则车费共计为 1100 韩元。但是,如使用现金支付,单一票价为 1000 韩元,且不能享受换乘优惠。

3. 对不同群体实行优惠乘车政策

60 岁以上老人实施免票乘车政策。轨道交通、公共汽电车对成人、学生和儿童实行不同票价,一般为成人全票,学生 7.5 折,儿童 5 折。

改革后的票制和票价吸引乘客换乘,对降低出行成本起到关键作用,避免了支线短途乘客少的局面,客流得到优化组织,乘客换乘比例从 22.94% 上升到 38.2%,提高了 15.26 %。同时,新收费系统促进了公共汽电车服务水平的提高,乘客人数有了明显上升。

(三)政府补贴和监管机制

1. 票款收入不足部分由政府补贴

首尔公共交通改革初期,运营成本中票款占 80%、政府补贴占 15%、广告收入占 5%。目前,首尔公共交通成本中票款收入占 80%,政府补贴占 20%,广告收入不再列入支付成本,由公共交通协会根据政府要求使用。票款收入中使用交通卡的部分，通过 T-Money 交通卡公司和运营企业统一结算，结算原则按照所乘车辆的公里数分配清算（公里数按站间距离预先已经设置好）。其中 70% 票款收入 3 日内结算给企业，其余 30% 票款根据该线路运营服务完成情况在次月 8 日之前结算拨付。现金票款收入则由各运营企业自行收讫。

2. 政府按照百公里成本实行补贴

目前，首尔公共交通运营成本项目中人员工资占 60%、燃料费占 30%、其他 10%。百公里成本由交通管理部门、公共交通协会、相关专家组成的审核机构每年对各条公共交通线路进行确认。首先，由政府计算出全年各条线路的平均百公里成本，然后结合不同线路实际情况与公共交通企业协商并谈妥支付标准，并以车辆为会计核算单位。

3. 运营企业可获得规定利润

首尔明确规定公共交通运营企业年基本利润率为 3.75%，考核利润率为 1.25%。考核利润是指每年市政府交通管理部门会同公共交通协会等单位，按照公共交通服务质量考核标准的要求，对公共交通企业运营服务质量进行考核，然后根据考核结果排名，对完成运营服务质量好的企业，在满足其获得基本利润（含合理成本补贴）后，还给予一定考核奖励利润。政府设立考核利润主要是为促进企业提高服务质量，其公共交通服务质量考核标准最大的特点是引入了"经营改善"考核指标，如对企业引进天然气巴士、人工费节俭度、劳动关系争议及服务质量及安全水平、CNG 柴油费用改善度、财务健全性、现金收入管理及透明性、经营制度健全性等进行评价考核，作出消极和积极的判定。基本营收利润和考核利润取决于每年各方会商的结果，且每年会因各种外部因素影响而变化，如经济危机、燃油涨价等。

2007 年，68 家运营企业中排名前 48 位的企业获得了考核利润，加上基本利率后其利润率达到了 5%，而排名靠后的 20 家企业只得到了基本利润的 3.75%。当年首尔市政府补贴运营企业约为 700 亿韩元，其中考核利润约占 25%，为 175 亿韩元。2008 年首尔市政府将考核利润比重增加至 30%，约为 210 亿韩元，希望通过调节考核利润的比重以激励企业提高服务质量。

4. 政府补贴的其他项目

企业购置 CNG 等清洁能源车辆，每辆可获得政府补贴 1 亿韩元；政府还对公共交通枢纽站建设进行补贴。如 Yeouido 公共交通枢纽站，总投资 290 万美元中政府投入 50 万美元，并吸纳社会投资通过站点广告等获益。

（四）信息化建设

建设公共交通信息系统是首尔公共交通改革成功的一个重要因素。信息系统主要由公共交通收费与结算系统、公共汽车管理系统、交通运营与信息服务中心三个应用系统组成。

1. 公共交通收费与结算系统

首尔收费制度的改革通过电子收费与结算系统的全面升级得以实现，包括 T – Money 智能卡、车载读卡器（交通卡 POS 机）和结算系统。目前，首尔市总共发行了 850 万张交通卡，分为预付卡和信用卡两类，其中预付卡占 52%，信用卡占 48%。使用 T-Money 智能卡的乘客人次已占总客运人次的 92% 以上。

全市公共汽电车前后门各安装了一个读卡器，乘客前门上车、后门下车各刷一次卡，读卡器可以记录乘客在本车的乘车里程，如果乘客是从其他公共交通车辆换乘到本车的，读卡器可以自动累计里程，并按标准收费。

首尔公共交通卡系统的建设和运营由首尔市政府和 LG 公司共同出资成立的韩国智能卡有限公司负责，包括智能卡的发行、数据采集、费用结算和信息统计分析等。并按照改革要求于 2004 年 7 月完成了结算系统的全面升级改造，整个系统建设共投入资金 1.3 亿美元。

2. 公共汽电车管理系统

公共汽电车管理系统，由车载采集终端、数据处理与调度、信息发布三个方面组成，用于公共汽电车运行数据采集、运营调度和为市民出行服务。该系统由 LG 公司和三星公司负责建设，共投入资金 2000 万美元（含车载采集终端系统建设）。首尔市交通管理部门建立了首尔市公共汽电车综合指挥中心，又称公共交通监管中心，负责公共汽电车管理系统运行。

3. 交通运营与信息服务中心

交通运营和信息服务中心由首尔市政府交通部门建设与运营，综合管理首尔市交通，主要职能包括公共交通科学管理、为制定交通政策提供依据、实时道路流量监控和提供各种交通信息服务等四个方面，具有综合交通信息集成、交通综合管理、交通信息开发利用等功能。系统建设用了 3 年时间，分 3 个阶段完成：2005 年交通运营和信息服务中心完成了道路交通和公共交通系统信息的集成，2006 年扩充到轨道交通系统，2007 年接入交通信号灯系统。

第三章　日本东京

东京大力实施以轨道交通为中心的公共交通发展战略，拥有世界上客流量最大的轨道交通（包括铁路）网络，轨道交通经营主体多元，并取得了良好的经营效益。东京强调政府对公共交通的统筹管理，注重政府监管，同时也重视发挥市场竞争的调节作用。

一、城市背景

东京是日本的首都，全国的政治、文化、经济中心，也是国际金融中心之一，拥有日本最大的交通枢纽。东京都的总面积为2162平方公里，包括东京23区，多摩地区及多个岛屿。截至2007年年底，东京都人口1279万，约占日本总人口的10%，人口密度为5847人/平方公里，是日本人口最稠密的地区之一。

二、公共交通发展沿革

1911年，日本通过《轻轨铁路补贴法》，允许政府对私人修建的轻轨铁路进行补贴。

1941年，日本成立帝都高速交通营团，负责在东京和城市周围建设地铁线路。在1941年至2004年的60多年间，营团建设和经营了169公里地铁线路，形成了一定规模的地铁网络。13号地铁线的建成，标志着东京地铁网络发展的成熟。

1951年，日本颁发《道路运输法》。

1977年，日本制订《第三次全国综合开发计划》，提出交通设施应与城市发展充分协调，首先要考虑轨道交通系统，再综合布置高速公路及其他交通方式，依靠交通干线把大城市及其影响地区组成一种多中心的结构体系。

1986年，日本制定了《铁道事业法》，允许将线路、站点等设施的建设和维护与车辆等运输工具分开经营，以鼓励竞争，提高服务质量。

2004年，日本政府认为对营团地铁赋予的使命基本完成，决定对营团地铁实行民营化。根据《东京地铁株式会法》，4月营团地铁"帝都高速交通营团"变更为"东京地铁公司"。同时，为了方便乘客，东京都两大地铁系统采用统一编号。按照线路功能走向，每条线路规定一个字母，即"线路记号"，并对各车站编序号。这些线路中有很多都与JR线及私营铁路相互连接，乘坐地铁不但在东京都内非常方便，要前往近郊的城市也十分便捷。

2007年3月，一种名为Pasumo的新型交通卡开始在东京启用。这种交通卡可以在东京市区的大部分公共汽车、地铁和近郊铁路列车上使用，省去了乘客换乘不同交通工具时需要使用不同交通卡的麻烦。

三、公共交通现状

东京公共交通系统由城郊铁路、地铁、独轨铁路、公共汽电车等组成。其特点是大容量、高运速的轨道交通很发达，拥有世界上客流量最大的铁路线网。而且，公共交通中系统不同交通工具运送旅客比例逐步变化，公共汽车逐年减少、轨道交通逐年增加。

东京地铁里程292.2公里，线路13条，车站274个，日均客运量736万人次。JR线(不包括新干线)887公里、私营铁路(包括单轨铁路)1126公里。东京市轨道交通网络布局如图3-1所示。

东京平均每天客运总量为3500万人次(一都三县范围，则达5000万人次)，其中60%由市郊铁路承担。东京市内交通客运量构成中，城市快速有轨电车比重最大，达49%，这种格局在世界其他发达城市很少见；其次为地铁和轻轨交通，占总运量的30%；公共汽车比重较小，为7.6%。市中心公共交通(不含出租汽车)占出行总量的比例达到86%。

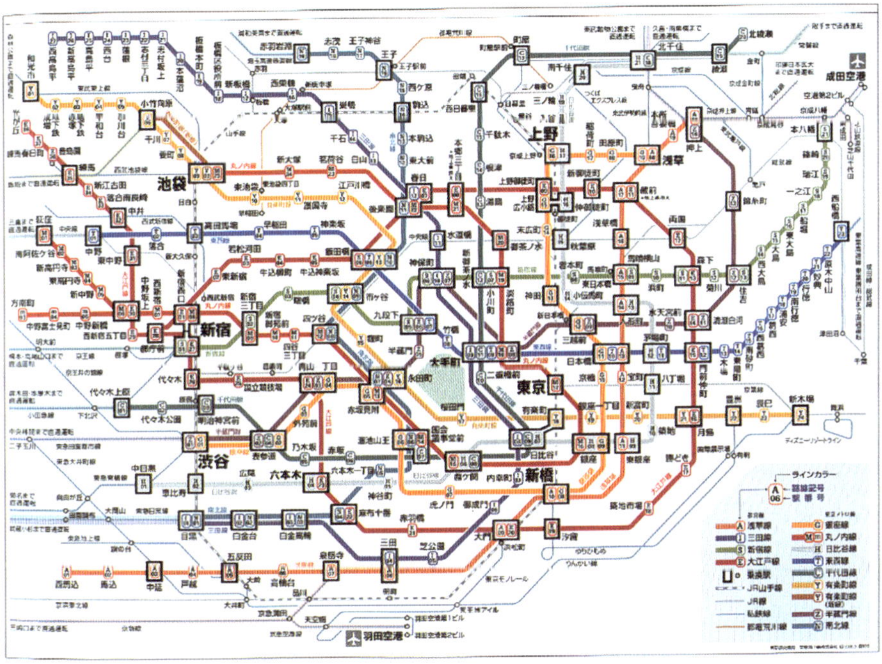

图 3-1　东京市轨道交通网络布局图

四、公共交通管理机构与运营机制

（一）管理机构

1. 东京都交通局

东京都交通局负责公共汽电车及部分地铁服务的运营，是东京都政府管辖和经营的公营性质的机构，由综合事务部、人事部、地铁与路面电车服务部、公共汽车服务部、电力部、建设维修部等部门组成。管理 4 条都营地铁线和 138 条公共汽车线路，以及电车线路和上野公园单轨电车，负责都营地铁线和电力工程建设，以及广告等事宜。

2. 日本国土交通省

国土交通省是日本政府主管城市轨道交通事业的部门，主要通过运用建设补贴、票价管制等手段进行调控，并可随时对东京地铁运营安全进行检查（都营地铁公司直接受东京都交通局管理，主要对票价和安全进行监管）。

（二）运营机制

1. 两家集团公司负责地铁的建设和运营

东京地铁主要由东京地铁公司和东京都交通局进行建设和运营。两者既是互补的关系，也是竞争的关系。

东京地铁公司，是以经营东京都会区地铁路线为主要业务的公司法人，目前负责经营9条地铁。东京都交通局从20世纪70年代起，开始修建地铁，目前共建设和经营4条铁路线路，全程109公里。

各运营公司独立设置调度系统，承担向市消防厅、警察厅通报信息的责任，必要时承担向媒体发布有关车辆运行信息的责任。各运营公司的票价可以分别确定，但需要报政府批准。政府根据企业所报的票价和相关证明材料，组织专家进行评估后确定价格上限。企业可以根据实际情况在不突破上限的条件下进行适当调整或进行营销方面的策划。

2. JR线由JR东日本公司管辖

民营化后组建的JR东日本公司管辖JR线，在东京都市圈运营的线路共有26条，里程887公里，占东京都市圈轨道交通总里程的37.8%，日运送乘客1456万人次，占公共交通方式的39.8%（如果包含JR新干线，JR运量占公共交通总量的份额超过40%）。

日本其他私营铁路线路主要分布在山手环线外围，连接东京市中心和外围主要居住区，在交通运输体系中负责地区性运输业务。东京都市圈私营铁路共有59条，运营里程1126公里，占整个东京轨道交通营运里程的48.0%，日运送乘客1387万人次，占总数的37.9%，在日常运输中发挥着重要作用。

3. 公共汽车以公营为主、私营为辅

东京公共汽车运营绝大多数属于公营企业，由东京都交通局管理，只有少数如东急巴士、西武巴士由私营公司运营。公共汽车统一为草绿色，采用单一票价，但利用率并不很高，远不如地铁受欢迎，这主要是由于堵塞的道路状况和公共汽车可靠性差造成的。轨道交通在东京占绝对优势，公共汽车只起辅助作用,主要服务于市中心的短途交通。

五、公共交通管理政策与措施

(一)总体政策导向

根据《第三次全国综合开发计划》,东京结合城市发展的实际情况制定了以发展区域轨道交通网络为主、公共汽车为辅的城市公共交通发展目标。提出着重提高公共交通的整体服务水平,建立高效发达的公共交通网络和综合便捷的城市交通换乘枢纽,吸引市民使用公共交通工具。明确三个原则:缓解大城市客运紧张状况,必须大力发展以大运量公共交通为主的高效快速交通系统;客运交通的服务质量和服务水平要服从于国民经济的发展水平,尽量做到多样化;从政策上稳定和强化交通运输企业的经济效益和投资能力。

(二)换乘枢纽建设与土地开发政策

东京都内的交通系统结构复杂但标识清晰准确,只要注意观察车站内醒目的换乘标志,按照标志牌指明的方向出行,便可顺利完成换乘。公共汽电车站、地铁站出口一般都与地下商业街、百货商店、写字楼、饭店等相通。

东京市换乘枢纽建设与土地开发政策包括:一是加强换乘枢纽场站的建设。通过合理的用地和交通组织,将轨道交通、公共汽车、自行车停车和商店布局高效地组织在一起,缩短乘客的换乘时间,既方便了乘客也促进了物业的开发。通过换乘枢纽的建设,提高了交通的组织水平,确保了方便换乘。二是积极发展新的城市交通方式和提出新的规划理念。如 20 世纪 70 年代开始,规划建设步行街、公共交通购物街、空中步行走廊等。三是东京市政府采取了开发副中心的对策。增加火车和地铁站周围的居住人口和就业岗位,努力将城市向心聚集的结构调整为多中心结构。特别是在一些铁路环线附近建立多个中心,形成多中心结构,目前已经有一些火车站形成商业中心。

(三)改善公共交通服务质量

针对道路拥挤所带来的公共汽车行驶环境恶化,导致车辆行驶的准点率、速度难以保证，安全水平低，换乘不方便，乘客逐年减少等问题，东京采取了方便乘客乘坐公共交通车辆的多项措施。比如改进公共汽车停车站，扩大公共汽车专用车道，引进公共汽车终端信息向导系统和设置高密度的公共汽车线网，引进油电混合动力公共汽车等。东京都内的公交车厢内也为乘客提供了一流的服务：冬天，座椅会自动加温；夏天，车厢内不仅设有空调，窗户上还都挂有百叶窗帘，为乘客遮日祛暑；为了防止和减少乘坐公共汽车导致传染性疾病的交叉传染，公共汽车公司还定期对车厢进行消毒。

此外，为了方便乘客，东京的许多公共汽车站还设置了"车辆行驶情况预报系统"，乘客可以随时在车站了解最近一辆公共汽车的运行位置和需要等待的时间，乘客可以根据自己的具体情况决定是否等候。

(四)票价政策

1. 一卡通

东京及周边城市地铁和城市铁路及公共交通公司共同推出的电子乘车卡"Pasumo"投入使用，可以与东日本铁路公司已发行的"Suica"卡通用，东京地区所有公共交通系统基本实现了一卡通。利用 JR 线的 Suica（Suica 定期卡）、私营铁路的 Pasumo（Pasumo 定期卡），可以乘坐东京地区所有的电车、地铁和公共汽车等，不需再持有不同公司的 IC 卡。Pasumo 可以作为月票使用，若已充值，在区间以外乘车时可自动补票。Pasumo 还具备电子货币功能，可以在加盟店和部分自动售货机代替现金购物。

2. 地铁多票制

东京地铁设有普通车票、回数券以及月票等多种票制。在各车站的自动售票机出售普通车票，票价种类有 160 日元、190 日元、230 日元、270 日元和 300 日元，按乘坐距离购买。东京地铁公司根据乘客需求提供 3 种回数券，回数券可以在东京地铁公司的任何车站使用。包括普通回数券，1 套 11 张（大人乘车费和儿童乘车费）；非高峰时间回数券，1 套 12 张（仅限大人乘车费）；周末、休假日优惠回数券，1 套 14 张（仅限大人乘车费）。地铁月票有两种可供选择：学生月票或上下班月票，以及东京地铁公司的全线月票。

使用学生/上下班人员月票，可以在特定区段内的各车站之间无限制地乘车；购买地铁全线月票需登记姓名，持有者可在有效期限内，在东京地铁公司全线反复使用。

（五）政府扶持政策

为鼓励非政府机构和个人投资轨道交通系统建设，日本中央政府和地方政府，对公共交通提供了各种各样的补贴和资助。早在1911年，日本政府就通过了《轻轨铁路补贴法》，允许政府对私人修建的铁路进行补贴，补贴额可以达到建设费用的5%。在地铁被定位为城市的主要交通方式后，补贴的范围又扩大到地铁的修建，无论是政府修建的还是私人投资的地铁，都可以享受政府补贴，补贴额最高可达建设费用的70%，由中央政府和地方政府各负担一半。另外，实施扩张轨道交通运力和减少交通拥挤的改建工程时，也能享受一定补贴。例如，在轨道和道路的交叉口修建高架桥，或者将地面的轨道转移到高架桥上，均可以享受补贴。

日本政府通过多种公共扶持政策，保证私营铁路的公益性和市场性，如通过鼓励多元化经营，开拓新事业领域，对铁路沿线进行综合开发增加经济收益和经营活力。日本的所有轨道交通线路票价都受到政府交通部门的严格控制，以保证票价始终在普通百姓所能负担的范围内。因此，轨道交通公司的经营利润很低，要想增加收益，必须从事其他行业。日本政府的政策是积极鼓励轨道交通公司从事附带产业，将不同的经营区域分别授权给不同的公司，这样可以减少公司之间的恶性竞争，从而使公司盈利最大化。而且在一个区域内，巴士和轨道交通可以由同一家公司来经营，这有利于不同交通工具之间在线路和时间安排方面相互协调。阪神、阪急等私铁公司早在20世纪20年代就以开发铁路沿线房地产闻名，并由此迎来了私营铁路公司大发展的黄金时期。

此外，为了鼓励市民乘坐公共交通，日本政府鼓励企业给员工发放交通补贴，而且对交通补贴实行免税政策。雇主支付的交通补贴促进了员工在新干线车站周围购买房产，其居住地到东京市区工作地的通勤距离通常超过100公里。

第四章　日 本 大 阪

大阪是日本最早拥有地铁的城市，公共交通系统非常发达，轨道交通在交通出行中扮演着重要角色。大阪秉持“以乘客为本”的服务理念，制定出台了完善的公共交通扶持政策，在票制票价制订、车辆设施改进等方面积累了丰富的经验。

一、城市背景

大阪位于日本列岛的中央，是日本第二大城市，也是第二大港口，是日本经济、文化和贸易中心。大阪府面积约 1893 平方公里，人口约 880 万人（不包括居住的约 21 万外国人），市区面积 220 平方公里，居住人口 260 万，流动人口近 150 万。

二、公共交通发展沿革

1903 年，日本第一辆电车在大阪投入使用。1927 年，实行“政府运营市内交通系统”的政策，城市公共交通服务正式开始。1969 年，公共电车退出运营。1970 年，公共交通为成功举办大阪世博会起到了较好的交通保障作用。1996 年，大阪市交通局与 4 家私营铁路营运商一起推出了 Surutto Kansai 一卡通乘车证。2004 年，发行了称为 PiTaPa 的后付费智能卡。

大阪公共交通发展经历了由公共汽电车为主到以轨道交通方式为主的过程。20 世纪 60 年代，随着汽车数量的剧增，公共汽电车受到巨大冲击，1969 年年底，有轨电车和无轨电车被迫撤掉，政府制订了地铁发展计划。20 世纪 70 年代，棋盘状的 6 条线共 64.2 公里的地铁网初步形成；1981 年新交通系统线（New-Tram）建成，1997 年 8 月 7 号线建成，大阪市区的轨道交通网络基本形成。与此同时，公共汽车成为重要的交通工具，1968 年大阪曾拥有 1900 辆公共汽车，日均客流量 120 万人次，此后由于拥挤、效率低等原因，乘客显著减少。到1987年,公共汽车客流量下降至日均32万人次,转变为轨道交通网络的补充。

三、公共交通现状

大阪公共交通系统非常发达,拥有地铁、JR线和私营铁路、公共汽电车等多种交通运输系统,无论是市内交通还是相邻的城市间交通,都非常方便。2004年的交通出行调查数据显示,39%的市民出行选择使用私家车,58%的市民出行选择乘坐轨道交通,3%的市民出行选择乘坐公共汽车和新电车(一种高架式中型电车),大阪市轨道交通网络布局如图4-1所示。

大阪公共交通系统是一个以地铁为主体的网络,已经建成了总长129.9公里的8条地铁线路,地铁系统在连接大阪市中心与周边城市方面起到了重要的作用。大阪市内地铁网上下数层,密布城市的各个角落,市民几乎可以通过地铁到达城市的任何地方。地铁的优越性在于车次频率高(平均运行间隔3分钟)、行驶速度快(40~60公里/小时)、输送量大、不受交通堵塞的影响,且昼夜运营。大阪市内的公共汽车主要有市营巴士、区营巴士(红色)、定期观光巴士和环线巴士,有134条线路,总长640多公里。

四、公共交通管理机构与运营机制

大阪市交通局负责统筹管理地铁、新轻型导轨电车和公共汽车的运营。其中大阪地铁由大阪市交通局运营,是日本首个公营地铁系统。大阪市内的巴士主要有市营巴士、区营巴士和环线巴士等,其中市营巴士由大阪市交通局运营,票价统一。

五、公共交通管理政策与措施

(一)总体政策导向

大阪市交通局负责统筹地铁、新电车和公共汽车的运营。大阪致力于构建以地铁、新电车为骨干,以公共汽车为补充的交通出行网络。

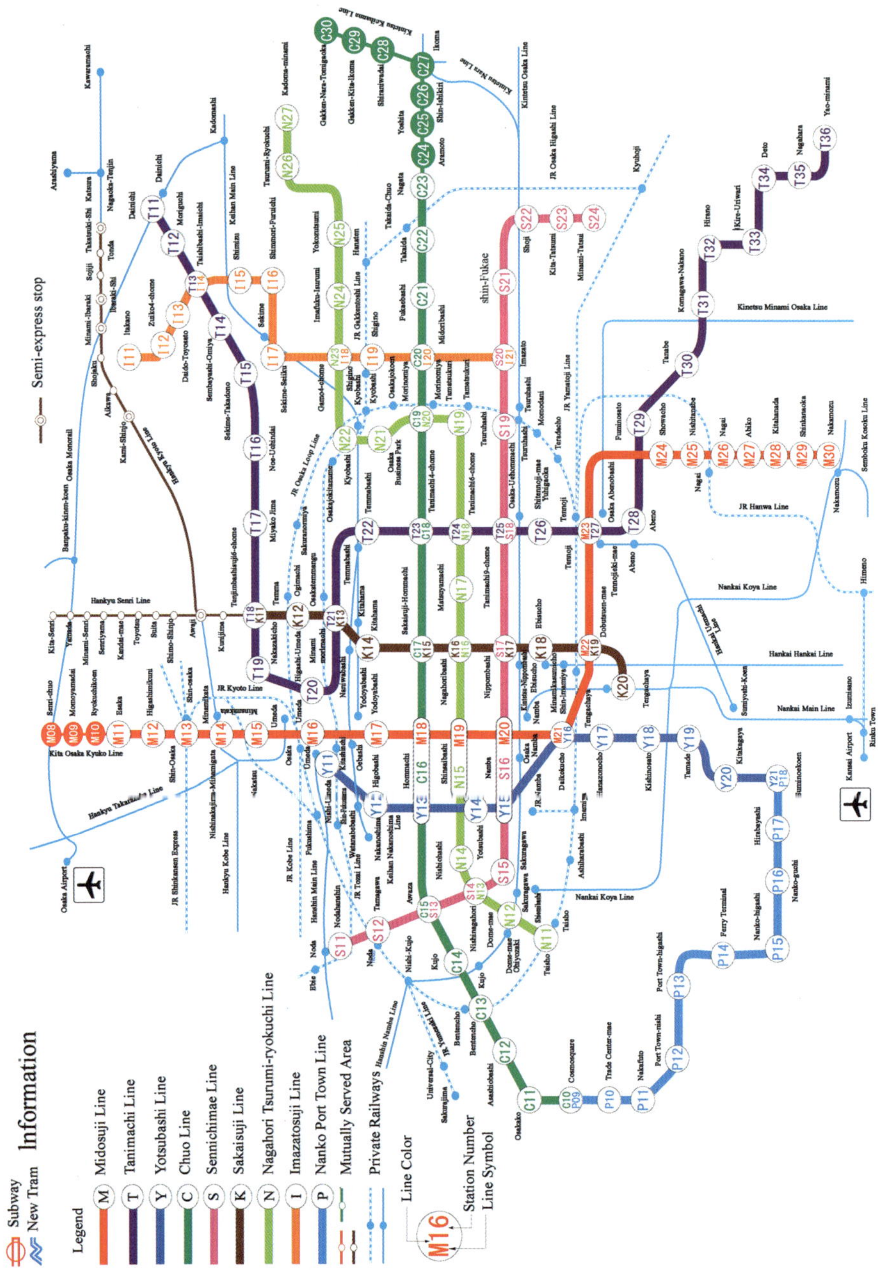

图4-1 大阪市轨道交通网络布局图

(二)票制与票价

1. 多样化票制

大阪市对不同的用户,提供适合各自需要的公共交通票制,吸引乘客使用公共交通。如设有可随意乘地铁、新电车和公共汽车的全线通用月票及一天通用车票,也有1个月、3个月和6个月的通勤月票,以及“不使用私家车日”的全日车票。

2. 提供不同优惠

采用公共汽车和地铁、新电车换乘时的折扣制度,发售了全线通用月票和一天通用车票,购买这种车票可以随意乘坐或换乘公共交通工具。其中,一天通用车票事先不指定日期,限于当天使用有效;回数票出售时不设有效期,按乘车区段自动减去资费,而且转乘地铁和巴士时,实行折扣票价,大大增加了方便性和优惠性。

3. 规定私家车限制日

为了促使居民出行使用公共交通工具,大阪市将每月20日定为“不使用私家车日”,并发售了比一天通用车票更便宜的全日车票,以鼓励市民出行乘坐公共交通。目前,又扩大这种车票的适用日,除每月20日外,星期五也可以使用。

4. 采用“Surutto KANSAI”车票体系

购买预售的“彩虹卡”就可在地铁、新电车、公共汽车和私营轨道线(阪急电铁、阪神电铁、能势电铁、北大阪快车电铁、男海电铁、京阪电铁、近铁等)上使用。

5. 使用“PiTaPa卡”

近年来,大阪市推出“百货商店理念”,使用“PiTaPa卡”,该交通卡也能在当地约1.8万家商业场所作为购物信用卡使用。人们在购物时使用这种多功能智能卡可享受打折待遇,商品价格的优惠相当于减免了出行费用。这种卡一举多得,乘客享受折扣,公共交通乘客人数大增;同时提高了商店的营业额。目前,约有100万大阪人持有“PiTaPa卡”。

6. 公共交通的票制

地铁车费按路程远近分类,公共汽车采取单一票制。地铁与公共汽车之间换乘享有票价优惠,公共汽车站牌上都标有详细的乘车票价。搭乘公共汽车还可使用回数券(在指定日期内有效,一般为 3 个月)、彩虹卡(可乘坐地下铁、市营巴士和 32 家公司经营的私营铁路)、一日游乘车券(地下铁和巴士通用)等,票价比一般零售票便宜而且方便。

(三)改进服务质量

1. 完善乘车信息

在大阪市的每个轨道车站都标有全日轨道交通时刻表,每站都停靠的普通列车、较大车站停靠的快速列车、大站停靠的特快列车都严格按照时刻表运行,乘客可以完全根据自己的需求进行选择。由于轨道交通的准时性,乘客能非常准确地知道自己从出发地到目的地所需时间,便于安排行程。

2. 提供舒适环境

随着经济社会快速发展,国际化、信息化、老龄化社会随之到来,大阪市为了使地铁适应乘客多样化的需要,并为老龄者、残障人士等特殊人群提供更加方便、舒适的乘车环境,积极努力地完善车站设施、自动售票与检票设备(图 4-2)、车辆设备,改善各种各样的服务工作。如针对老年人和残障人上下车的不便,不断改进地铁、自动扶梯设施以及相关设置,确保有一条通道不使用阶梯便可从站台无障碍地到达地面。

图 4-2　大阪市地铁自动售票与检票系统

3. 改善车辆设施

大阪市于1992年进行了车辆改造，开始引进能够容纳轮椅的车辆；全部车辆实现空调化；在冬天，列车的座椅还能自动加温；安装了显示目的地和下一站站名的电子显示屏，充分体现"以乘客为本"的人性化服务理念。

4. 倡导个性化服务

在上下班高峰时段，在拥挤线路设立女性专用车厢，给女性乘客营造一个更为安心的乘车环境。

（四）注重方便换乘

大阪的城市交通之所以井然有序，归功于从20世纪60年代起就综合运用各种交通方式的优势，促进了各种交通工具的有机结合，形成了地下、地面、高架相配套，多层次、多平面的立体交通体系。并努力简化各种轨道交通与公共汽电车线路之间，以及它们与其他交通方式之间的换乘程序。比如，在大型电车站或地铁站内，每间隔50米左右就有乘坐各条路线的指示标牌，每条线路用不同颜色标示，使换乘的乘客一目了然，而且大部分路线之间都是互通的，换乘起来十分方便。车站出口设有公共汽车站和出租汽车站，整个公共交通系统连成了一张处处为乘客着想的服务网络。

（五）公共交通优先措施

为确保公共汽车准时行驶，在大阪府警察局等有关部门的协助下，大阪市设置了公共汽车优先行驶车道和信号，铺设彩色公交专用道。在靠近道路十字路口前适当位置，设置感应器识别公共汽车，延长绿灯信号或提早切断红灯信号，让公共汽车优先通过。2004年起，实施应用"公交车辆优先系统"（光信标方式），向驶进公交专用道的其他车辆发出警告，以限制一般汽车驶入，进一步确保了公共汽车的优先通行权。

第五章 中国香港

香港公共交通系统十分发达,是居民最主要的出行方式。香港公共交通采用专营模式,通过科学的票价和配套扶持政策,使公共交通企业获得合理的利润水平,从而无需政府直接财政补贴。香港在公共交通服务监管、票价政策以及企业经营管理等方面积累了丰富经验。香港通过采取轨道交通与沿线物业的联合开发模式,建成了世界唯一盈利的轨道交通系统,非常值得学习和借鉴。

一、城市背景

香港是亚洲重要的金融、服务和航运中心。由香港岛、九龙半岛、新界内陆地区,以及262个大小岛屿组成,下设18个分区。人口696万、面积1107平方公里,人口密度高达6287人/平方公里。截至2007年年底,全港行车道路总长1994公里、汽车56.5万辆。

二、公共交通发展沿革

20世纪60年代,香港引入双层巴士和柴油火车,市民使用汽车、轮渡往返香港岛及九龙;20世纪70年代,海底隧道通车,直接连接香港岛与九龙两地;20世纪80年代,地铁投入运营,九广铁路全线电气化;20世纪90年代,巴士步入空调时代,地铁延伸至东涌,机场快线投入运营。目前,香港已形成多元化的公共交通运输体系。

香港公共交通重要事件:1964~1966年,实施全面网络及行程起讫点调查。1976年,对香港整体运输进行第一次研究。1979年,制定首份运输政策白皮书,明确三项原则,即改善道路设施,扩充及改善公共交通服务,使用道路系统要合乎经济原则(公共交通优先)。1989年,香港进行第二次整体运输研究。1990年,制定第二份运输政策白皮书,重点提出发展新的交通管理技术，更有效地利用运输基础设施，同时对道路使用进行管理，获取最大效益。1999 年，香港进行第三次整体运输研究，制定了香港长远运输发展策略。

三、公共交通现状

香港的城市道路非常狭窄，市民利用公共交通出行的比例非常高，大范围堵车现象并不多见。香港公共交通主要有轨道交通（含铁路）、巴士、小巴、电车及缆车、轮渡等方式组成。2007 年，公共交通日均载客量达 1153 万人次，公共交通占机动车出行比例达 83%。城市客运结构为：轨道交通（含铁路）30%、专营巴士 34%、小巴 16%、电车 1.9%、缆车 0.1%、轮渡 1.3%，的士 9.5%、其他 7.2%（图 5-1）。

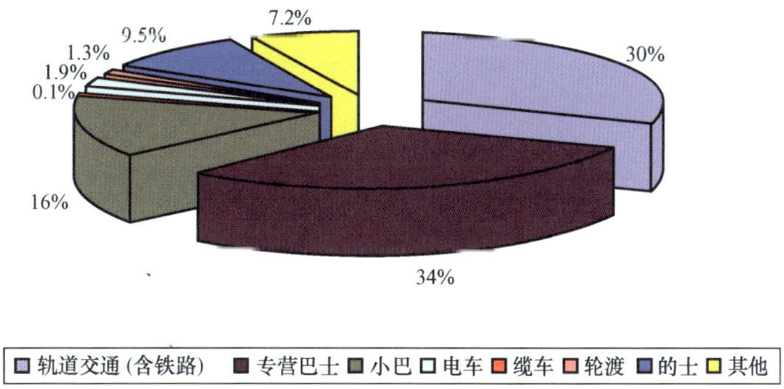

图 5-1　香港公共交通出行结构示意图

1. 轨道交通

轨道交通是香港公共交通运输骨干，目前全港共有轨道线路 21 条，其中地铁 7 条、铁路 3 条、轻铁 11 条。轨道总长度 204.1 公里，其中地铁长度为 91 公里，2006 年日均客运量约 255 万人次，由港铁公司经营；铁路主要有东铁、西铁和马鞍山铁路 3 条线路，长度 76.9 公里，日均客运量约 112 万人次，由原九广铁路公司经营；轻铁共有 11 条线路，长度 36.2 公里，日均客运量约 37 万人次，由原九广铁路公司经营。2007 年立法会已通过港铁和九广合并的法案，即香港轨道交通（含铁路）由一家公司经营。香港轨道交通网络布局如图 5-2 所示。

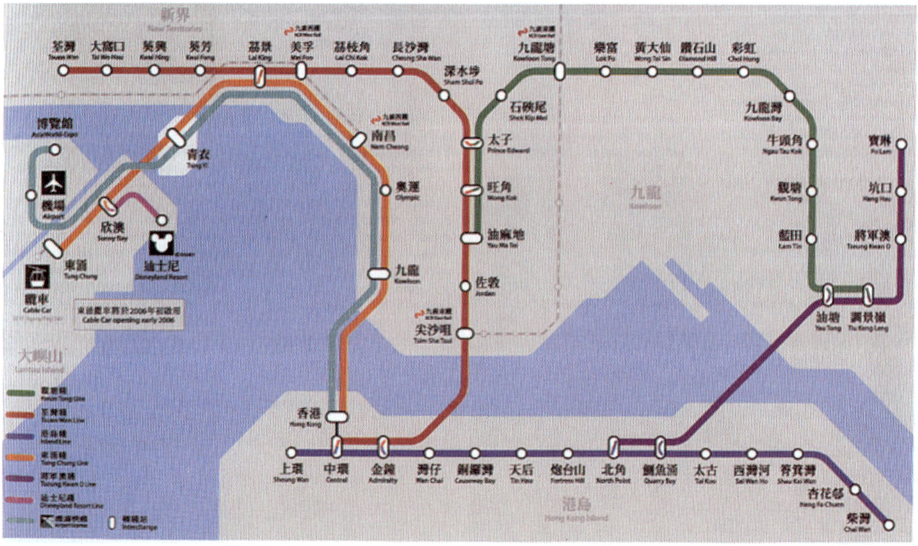

图 5-2　香港轨道交通网络布局图

2. 巴士

香港巴士主要分为三个类别:专营巴士、非专营巴士及小型巴士。由于人口密度高,对高载客量的交通工具有一定需求,香港巴士很多是双层的。

(1)专营巴士。即通常概念上的常规公共汽车线路,由政府授予运营企业专营权,专营巴士基本实行区域化经营。香港有 5 家专营巴士公司,即九龙巴士有限公司、城巴有限公司、新世界第一巴士服务有限公司、龙运巴士有限公司、新大屿山巴士有限公司。共有近 700 条公交线路,6000 多辆车,日均客运量 392.2 万人次,按 95% 车辆在线运营计算,每辆车日均载客 700 人次。

(2)小巴(分绿巴和红巴)。20 世纪 60 年代末,香港政府采取了措施,治理整合非法营运小型巴士,使其合法经营。据 2006 年统计,香港绿色小巴 2800 多辆和红色小巴 1500 多辆,日均载客量近 180 万人次。

(3)非专营巴士。俗称“村巴”,由不同的巴士公司提供,主要为缓解繁忙时间专营巴士和专线小巴服务的需求。非专营巴士包括社区巴士、校车、通勤车等,是一种为特定乘客提供服务的客运方式,其功能定位为公共交通的补充和辅助。香港非专营巴士约有近 1500 家运营商、8000 多辆车,每日载客量约72.2万人次。

近年来，随着城市的拓展，不少居民远离中心城区居住，为缓解边远地区居民的交通通勤不便的矛盾，香港政府推出了居民巴士，即边远地区直达中心城区的专线巴士，这些专线巴士价格不受政府监管，在中心城区只设固定上下客点，不沿线停靠，在居民区设上下客站。

四、公共交通管理机构与运营机制

（一）管理机构

1. 运输及房屋局

香港特别行政区运输及房屋局负责管理和统筹香港陆上运输及轮渡服务，制定整体政策，其辖下的运输署和路政署等负责执行具体事务。香港特别行政区运输署主要承担《道路交通条例》和其他公共交通服务条例的执行工作。具体负责策划运输发展，道路、隧道、停车场、停车收费等，监管陆路、铁路、水路和公共交通管理，签发驾驶执照，以及处理车辆登记、签发车辆牌照和车辆检验等事项。

2. 交通有关机构

运输及房屋局下辖的路政署，负责公路的整体设计、建造和维修等。警务处负责执行交通法例和违规处罚等工作。香港行政长官交通咨询委员会和区议会下属的交通及运输委员会，主要就重要运输政策及相关问题向有关部门提供意见。交通审裁处是根据《道路交通条例》规定设立的，主席和成员全部由公众人士出任，市民如不满运输署有关决定，可以向其提出意见。此外，运输及房屋局也会定期与立法会交通事务委员会交换意见，并接受其监督。

（二）运营机制

1. 公交私人经营、政府监管的运行机制

1993年起香港实行私人经营、政府监管的公共交通运行机制。公共汽车业务由私人企业经营，自筹资金、自负盈亏；但线路专营权、票价、利润水平、服务规范、购车数量等均需接受政府的监管。香港公共交通的部分基础设施建设,主要采用建设—经营—转让(BOT)形式,政府以招标的方式批予私营机构建设,并给予其一定时期(如15年)的经营权,期满后交还政府。这样的机制,一方面使企业有长期投资、改善经营管理、提高服务质量的动力;另一方面又顾及了整体交通网络的规划和乘客的利益,减少了财政在公共交通上的支出。

香港从整体交通运输规划的实施起,就支持竞争的市场机制来运行巴士系统,是世界上少数不由公营巴士企业提供公共交通服务的城市之一。政府宏观调控,实施竞争与规制相结合,在香港得到了充分的体现。在这种机制下,私人运营企业大都能保持良好的营运效率,并能赚取到合理利润。无论是九龙巴士公司,还是地下铁公司、九广铁路公司等,除了认真经营管理好各自的公共交通主业外,还按商业原则同时经营房地产、商业、物业管理等业务,这些多元化经营创造的经济效益大多超过公共交通票款收入。公共汽车专营企业主要通过票款收入和场地物业开发维持运营。允许和鼓励公共交通运营企业多元经营,是香港公共交通盈利的重要原因。

2. 香港地铁的盈利模式

香港地铁经营者是政府全资的地铁公司,但通过市场化机制运作,根据审慎的商业原则兴建及经营铁路系统。这一体制明确向地铁企业传递两条重要信息:一是地铁系统是政府全力支持的,应对地铁建设有信心;政府对地铁公司财政上有支持,但不是花完就算,而是作为股份注资在公司里。二是公司运作必须按商业原则,成本—效益核算是基本要求。

香港特别行政区政府对地铁公司也不进行直接补贴,为了弥补地铁建设和营运的巨大成本,香港特别行政区政府从一开始就采取了地铁与房地产联合开发策略。这一模式的主要思路是,地铁项目建设时,由政府批租沿线部分土地开发权,利用地铁建设带来的未来土地升值效应,弥补地铁项目建设和运营的资金缺口。具体做法是,在地铁场站上或周围划出一定面积的土地,协议出让给地铁公司,与地铁场站一并规划、设计和实施。地铁公司按照未建设地铁时的市场评估低价向政府缴纳地租。同时,地铁公司通过公开招标的方式,确定房地产的合作开发商,建造费用和风险由地产商承担，而地铁公司一般可分享一半的开发利润。地铁商场由地铁公司统一出租，地铁物业由地铁公司自行负责管理。轨道与房地产的联合开发为香港地铁赚取了巨额的开发利润。

公共交通投资对土地利用，尤其是公共交通站点附近的土地使用有着很大的影响，大大提高了周边的地价。因此，这种联合开发可将交通的间接和潜在效益转化为投资，以土地增值的效益补偿交通建设巨大的投资和运营成本。从另一个角度来说，土地使用增加了所在区域的交通需求，加重了周围路网的负荷，也应从土地开发收益中拿出部分资金用来解决对交通的影响。

由于土地开发使用导致人们出行方式的变化，开发商在注重广场、花园、商业服务、天桥等公共设施建设的同时，也很重视公共交通服务设施建设，以吸引和方便居民搭乘地铁，在一定程度上开发商代替政府进行了城市公共设施的建设。香港特别行政区政府为此也采取了一定的优惠政策，比如开发商如将红线后退一米，政府会允许开发商提高容积率增加建设面积。通过这种方式，一方面对土地进行集约化的开发利用，增强了土地的开发强度；另一方面尽量扩大市民的公共空间和休憩空间，改善地铁周边的环境。

在1975～1986年建设的3条地铁线上，香港地铁公司开发了18处房地产，收益约40亿港元，约占地铁建设总成本（250亿港元）的16%。香港机场地铁线长34公里，投资约351亿港元，沿线联合开发了5个房地产项目，建筑面积约360万平方米，给地铁公司带来了约180亿～200亿港元的收益，约占地铁投资的50%。联合开发不仅解决了交通问题，而且带来了更大的客流。如香港青衣城广场未开业前，客运量仅1万人次/天，开业后则逐渐增加到4万人次/天。

五、公共交通管理政策与措施

（一）总体政策导向

香港1970年以来奉行一套独特的自由经济体系，名为“积极不干预”政策。这个政策在商业操作上实施得比较成功，使资源配置变得合理而且很有效率。香港公共交通系统不仅为市民提供了畅通、便捷的服务,而且能够实现一定的盈利。

(二)公共交通监管措施

香港建立了一整套政府监管机制,确定了监管方法。香港市民能够享受高质量的公共交通服务,得益于政府合理的监管制度。

1. 巴士市场准入和监管制度

政府授予运营企业专营权。目前,由九龙巴士公司、新世界第一巴士公司、城巴公司、龙运巴士公司、新大屿山巴士公司等5家企业分别专营区域内的公共交通。九巴主要服务九龙及新界区;城巴和新巴主要服务香港岛;龙运主要服务东涌、迪士尼乐园及机场来往新界的线路;屿巴主要服务大屿山。香港的专营巴士以商业模式运作,接受政府监管,政府不提供直接的财政资助,引导和鼓励专营巴士公司之间良性竞争。香港确定专营巴士的发展目标是:提供"安全可靠、快捷舒适、供求充足、价格合理"的巴士网络。1992年,因为中华巴士公司经营服务不符合公众的要求,政府将原属中华巴士公司的26条巴士线路授予了新的经营者——城巴公司经营。1995年9月1日,城巴再次接管了中华巴士的另14条路线,为香港巴士服务带来了新景象。1998年,香港特别行政区政府不再与中华巴士续约专营权,中华巴士原有的路线全部重新招标,转由城巴及新成立的新世界第一巴士公司经营,香港的巴士服务从此步入新阶段。

政府通过专营权对巴士企业进行管理。根据《公共巴士服务条例》,政府授予企业在确定路线上经营公共巴士服务的权利,获得巴士线路专营权既可通过公开投标的方式,也可通过其他公平适合的方式,即由特区行政长官根据公共巴士服务条例批准。专营权为期不超过10年,巴士公司可要求延长期限,但不可转让专营权。在经营期限内,巴士公司必须按照政府的要求提供高效的服务。另外,根据有关规定,香港特别行政区运输署署长有权更改线路或授权公司经营临时线路、更改班次或营运时间、更改巴士类型、决定个别线路票价,以及检查记录、账目、厂房及车辆等。

多种渠道加强对专营权线路的服务监管。主要方式有:政府派代表出席企业董事会；运输署署长与相关公司定期召开例会；组织服务调查；组织乘客满意度调查；要求公司呈报营运资料；处理区议会、传媒以及市民等对巴士的意见和投诉等。并主要通过出车率、落实各服务项目进度、乘客投诉及乘客满意度调查等指标，对专营巴士服务水平进行评估。通过监管如发现相关线路或公司存在服务水平低下问题，政府将视情节采取罚款、取消个别线路专营权、不延续专营权，直至取消整个企业专营权等措施。

2. 地铁服务和安全监管

目前，香港地铁安全和服务水平已达到世界先进水平。《地下铁路条例》明确规定，公司必须按照政府制定的服务水平营运。运输署具体负责监管、衡量服务标准：一是列车服务供应，把列车每月实际班次与计划班次进行比较；二是列车服务准时程度，把每月列车准时规定与实际列车运行时刻进行比较；三是车厢舒适度、自动售票机、出入闸机、扶手电梯及乘客升降机的可靠程度等其他指标。

香港对轨道交通的规范和管理，主要依据《地下铁路条例》、《九广铁路公司条例》。根据这两个条例的规定，对铁路实施监管的部门为运输及房屋局下属的运输署和铁路视察组。铁路视察组监察铁路系统的安全，确保铁路公司在系统的设计、建造、营运及维修等方面必须符合安全要求。在新建铁路过程中，铁路视察组和运输署会进行检查和监察，确保铁路安全稳妥后方可启用。为确保铁路系统能时刻保持极高的安全水平，政府对铁路公司明确规定：须时刻以铁路系统安全为前提，并确保系统达到铁路视察组满意水平；须确立一套服务安全管理系统，以检查、控制并尽量减低安全风险；发生任何涉及安全的事故，铁路公司都必须报告政府，并有义务接受铁路视察组对事故的调查；如发生铁路安全事故而铁路公司没有依法采取措施予以纠正的，政府可责令铁路公司采取纠正措施，如不按政府要求采取措施，政府可予以罚款。铁路公司还必须聘请独立专家，最少每三年检查一次铁路安全管理系统。

（三）票价政策

香港公共交通具有明确的定价机制和价格体系。轨道交通票价主要根据审慎的商业原则确定，须通过既定的咨询程序，包括咨询立法会交通事务委员会和交通咨询委员会。咨询程序通过后，铁路公司拥有完全的自主权，如提出换乘优惠计划、免费接驳巴士等，以进一步减少市民出行成本，吸引客流。

专营巴士的票价由行政长官会同行政会议确定，主要考虑以下因素：线路的长短、服务的性质、线路服务地区、乘客需求及巴士类型，以及其他有关的因素。巴士公司可申请提价，但必须首先提出提价的理由。提价的幅度依照“0.5×运输业界工资指数变动+0.5×综合消费物价指数变动-0.5×生产力增幅”这一公式计算确定。同一企业内部线路有盈有亏，由企业内部调节。香港多年来，对票价调整采取了一种允许巴士公司随物价水平调价的机制。

（四）政府扶持政策

香港公共交通市场化程度较高，企业盈利能力较强，政府不实施直接补贴，但实施政策扶持：一是巴士公司在获得专营权后，相关线路可免费使用道路和巴士车站，并可获得政府豁免车辆首次登记税、牌照费用及燃油税的优惠政策（车辆首次登记税按车辆售价分段收取，如一辆售价50万港元的轿车，最初的15万缴税35%，其次的15万缴税65%，再次的20万要缴税85%；车辆牌照费按车辆的排量收取，排量在1.5升以下的征收3929港元/年，超过1.5升不超过2.5升的征收5794港元/年，排量超过4.5升的要缴纳11329港元/年；燃油税为油价的100%左右）。二是实行随通货膨胀率提价的票价联动机制。

（五）限制私家车政策

提高公共交通的吸引力和限制私家车是推行“公共交通优先发展”的两个途径。香港特别行政区政府从控制拥有量和使用量两方面限制私家车的发展，具体可分为：实施税务调控措施和限制停车位供应政策。一方面，收取首次登记税及车辆每年牌照费，调节私家车的数量；同时收取较高的汽油税、道路通行费，调节其使用量。另一方面，实行停车位从紧供应政策，调节私家车使用量，即通过限制住所停车位供应、调节自用车的拥有率，以及对非住所停车位实施高价收费等政策，调节车辆及道路使用率。

第六章 法 国 巴 黎

巴黎是世界上公共交通网络最完备的城市之一，地铁是其最重要的公共交通工具，在整个城市交通系统中占有突出地位。政府十分重视公共交通发展，通过立法确定了公共交通税、财政补贴、专用道和票制票价等政策，促进了巴黎公共交通优先发展。

一、城市背景

法国的巴黎大区是欧洲大陆最大的都市聚集区，地域面积约 12000 平方公里，占法国国土面积的 2.2%，但聚集了约 1100 万人口，占全国人口近 20%。巴黎大区由 8 个省共 1281 个市镇组成；位于中心的巴黎市具有市镇和省的双重身份，并划分为 20 个城区。围绕巴黎市的其余 7 个省形成内外两个区域圈，内圈三个省紧邻巴黎市，其中大部分地区已经形成和巴黎城区连接的城市圈地区，成为巴黎市的近郊区；位于外圈的四个省规模较大，城市化地区比较分散。

二、公共交通发展沿革

巴黎是世界上最早发展城市公共交通的城市之一。早在 19 世纪中期，就形成了由公共马车、有轨电车和公共水上交通船组成的城市公共交通系统。

1900 年，巴黎建造的连接马约门和万森门的第一条地铁开通运营。

1949 年，巴黎成立了公共交通总公司，形成了对巴黎主城区公共交通的统一经营和规模化运营的格局。

1959 年，巴黎交通委员会成立，担负管理巴黎地区公共交通的责任，并于 20 世纪 60 年代提出了“公共交通优先”的发展思路。

1971 年，巴黎在全国首先对物业开征交通税，交通税成为支持公共交通发展的重要经费来源。

1975 年,巴黎开始实行公共交通单一收费系统,在所有线路实行月卡。

1976 年,巴黎大区成立。但大区内的公共交通尚不统一,前巴黎交通委员会仍然作为独立的城市交通管理机构负责巴黎行政区的公共交通。

1982 年,法国《城市交通法》颁布,确定以发展公共交通为目的,内容涉及管理机构责权、公共交通的规划与建设、交通工具和设施的使用与维护、经营与运行等各个方面。并明确对公共交通给予补贴,鼓励公众参与管理;提出考虑低薪阶层承受出行费用的能力问题;采用有利于残疾人通行的无障碍交通设施;营造公开、公平、合理的竞争氛围。

1982 年,巴黎的所有企业开始间接支付公共交通成本,为其搭乘公共交通的员工承担 50% 的费用。

1989 年,法国国家铁路运营公司成立巴黎大区公共交通企业,提供郊区铁路和部分区域快速客运服务。

1990 年,巴黎第一条地下轨道交通线路建成投入运营,此后掀起了城市轨道交通建设高潮。

1994 年,巴黎大区总规划颁布,明确提出要建立一个高效的公共交通网络。

1996 年,法国出台了《大气保护与节能法》,明确了可持续发展目标下的城市交通政策,进一步支持公共交通发展。

1998 年,巴黎建成了第一条全自动无人驾驶的地铁线路。同时,为提高公共交通网络对学生的吸引力,发行了季节性交通卡。

2000 年,巴黎制订城市交通规划,重点提高公共交通服务质量,建立公共交通系统的等级分类,加强换乘中心和停车系统建设。并计划投资 8 亿欧元,用 20 年的时间,实现巴黎地铁的全面自动化。

2000 年 10 月,89 个私营运营商共同组成巴黎大区专业运输联合会,以提供巴黎外城区域公共汽电车服务,使巴黎外城区域公共交通服务由分散运营走向集约化运营。

2000 年年底,法国政府颁布《城市发展和复兴法》,据此,前巴黎交通委员会于 2001 年 10 月改制为巴黎大区交通管理委员会。同时,成立公共交通合作委员会,形成了强有力的公共交通的领导和协调推进机制。

三、公共交通现状

巴黎是世界上公共交通网络最完备的城市之一，其公共交通网络主要由市区地铁、市郊快速铁路、郊区铁路、公共汽电车等组成。目前，巴黎大区公共交通出行占总出行比例的35%；巴黎市公共交通出行占总出行比例的67%。

轨道交通是巴黎最重要的公共交通工具，在整个城市生活中占有突出地位（图6-1）。共有14条地铁线，全长211公里，有381个车站，日均运输客

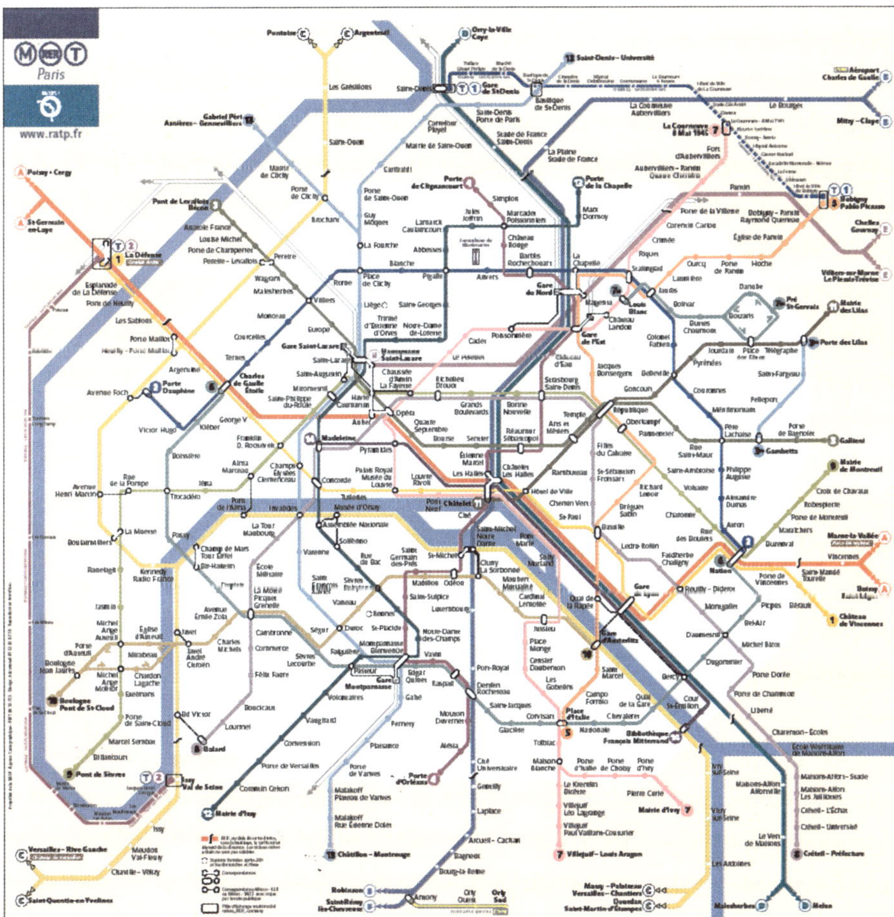

图6-1　巴黎市轨道交通网络布局图

流量近500万人次。其中129个换乘站是连接不同线路的枢纽,使各条线路相互沟通,形成一个统一的网络,从城区的任何一点到达地铁站不超过500米。市郊快速铁路非常发达,共5条,总长360多公里,是横穿巴黎市区并伸向东西、南北郊区的客运大动脉,也是连接郊区与城区,及连接不同郊区的重要通道。其中城区的19个站大部分与地铁站相交,换乘十分方便。

巴黎共有公共汽车线路310多条、有轨电车线路2条,共有车辆5500多辆,日均运输客流量260多万人次。设置了480多条全天或部分时间禁止其他车辆使用的公交专用道,公共汽电车在路口享受优先通行待遇,巴黎市公交车辆与公交站牌如图6-2所示。

图6-2　巴黎市公交车辆与公交站牌

四、公共交通管理机构与运营机制

(一)管理机构

巴黎大区交通管理委员会是国家级公共交通管理机构,担负着管理巴黎地区公共交通的责任,其委员会成员包括17位政府代表、5位大区代表和12位行政区代表。其主要职责是:规划交通线路;确定服务形式及选定运营商,并与运营商签订合同;协调运营企业在巴黎大区提供公共交通服务,包括2个国有公司和89个其他运营商;管理交通税;协调及审批主要基础设施项目;进行公共交通系统使用的市场调查;鼓励提高服务质量活动;投资并开展公共交通相关研究等。

此外，根据法国《城市发展和复兴法》，巴黎大区于2001年组建了公共交通合作委员会，其地位、成员任命的条件及组织、出资程序等均由法令规定。巴黎大区公共交通合作委员会还就公共交通的服务供应和品质、票费政策导向和大区内交通系统发展提供咨询服务。委员会由工会、雇主组织、商会和其他类似组织、乘客等代表组成。合作委员会推荐一位会员，担任巴黎大区交通管理委员会的顾问。

巴黎大区交通管理委员会的组成

●17位政府代表：
(1)大区行政长官、管理委员会主席，具有投票决定权 (2)由公共工程和住房部任命的2人 (3)由交通部任命的3人 (4)由经济、财务和预算部任命的4人 (5)由内务部任命的3人 (6)由国土开发部任命的1人 (7)由环境部任命的1人 (8)警察厅的长官或其代表 (9)由大区行政长官任命的巴黎地区代表1人
●17位地方代表：
(1)5位由地方委员会任命 (2)5位由巴黎委员会任命 (3)每个外围省委员会各任命1人
●管理委员会主席由5位副主席协助工作：
(1)1位由交通部从其派出的5人中任命 (2)2位由管理委员会从大区的代表中任命 (3)2位由管理委员会从行政区的代表中任命
●管理委员会由以下人士协助：
(1)巴黎大区交通管理委员会执行主任 (2)陆地交通主任 (3)交通资金监控部门主任 (4)巴黎大区公共交通合作委员会的一位代表

(二)运营模式

巴黎公共交通主要由国家投资，以国有为主。在巴黎大区内，由几个运营商共同提供公共交通运营服务。巴黎公共交通总公司成立于1949年，属于国有企业，负责全区的地铁、部分市郊快速铁路、公共汽电车和轻轨交通的运营管理,公共交通总公司承担了巴黎80%的客运量。总公司设董事会,由9位政府代表、9位雇员代表和9位由相关法规规定出任的代表,共27人组成。法国国家铁路运营公司成立于1937年,也是一家国有企业,该公司1989年设立了巴黎大区公共交通部门,提供郊区铁路和部分区域快速铁路的客运服务,为巴黎内城与外城的居民提供快速到达各主要车站的服务。巴黎大区专业运输联合会成立于2000年10月,由89个私有运营商组成,主要提供巴黎外城区域的公共汽电车服务。国家铁路运营公司拥有1350多公里铁路线、400多个车站、3820多节车厢、雇员19000余名,年客运量为5.47亿人次。

巴黎大区公共交通系统整体性很强,不同运输方式之间换乘方便。因此,即使存在多个运营商,乘客也不会觉得不便。在铁路站点附近建有汽车和自行车停车处,配建公共汽电车站点,与巴黎公共交通网络无缝衔接。

五、公共交通管理政策与措施

(一)经营权及服务质量管理

公共交通经营权管理是法国公共交通行业市场准入和公共资源配置的基本制度,政府对运营企业实施行政许可或授予专营权,并以合同形式与企业订立服务契约,明确规定公共交通服务要求达到的质量和标准。

巴黎交通组织机构通过公共服务授权,与运营公司签订经营合同。专营权通过招标形式授予,操作过程公平、公开和透明。合同主要规定:保证服务的连续性,执行规定的票价,满足一定的财务条件,明确双方对乘客分别承担的义务,合同期限不超过资产折旧期限,要求运营公司向管理部门提供经营状况、财务质量指标等。其中经营者的承诺主要是保证服务的连续性和服务质量水平。交通组织机构的作用主要是确定服务业务的拓展、提供合同规定的投资,以及根据运营情况对经营者进行奖惩。

合同确定了经营者除承担产业风险外,还承担部分商业风险,有一定的创新空间;合同还明确了提供的服务和利润分配原则,以及改善交通和服务质量的奖励办法等。以巴黎大区交通管理委员会与巴黎公共交通总公司签订的合同为例,合同的主要内容分三个部分:一是全年服务量的要求,根据客观情况变化和实际完成的服务量，允许有3%～4%的偏差；视不同地区或车种而定，如果不能完成而超出允差范围则要罚款，当超出允差范围达2%及以上时，罚款额最大。二是服务质量的要求，共有22项指标，每一项都明确年度目标。达到目标要求，既不奖也不罚；超过目标有奖，达到服务质量上限目标值及以上时奖励额为最大；达不到服务质量目标要罚，服务质量降到下限目标值及以下时罚款额为最大。三是营收目标的增收或亏损，与巴黎大区交通管理委员会共同承担，在合同年限内，根据交通发展，规定了逐年递增的年度营收目标，允许偏差在2%范围内，超过部分巴黎大区交通管理委员会分享60%，巴黎公共交通总公司分享40%；超出2%范围以外的部分，委员会分享90%，公共交通总公司分享10%。同样，每年实际营收达不到目标2%范围的，亏损部分委员会承担60%，公共交通总公司承担40%；超出2%范围以外的亏损部分，委员会承担90%，公共交通总公司承担10%。综合以上考核内容，公共交通总公司的奖励额最高可以达到合同总金额的1%，达不到目标值，罚款额最高可达合同总金额的1.4%。巴黎大区交通管理委员会也与其他经营公共交通业务的企业签订类似合同。

（二）票价管理

巴黎公共交通实施多种票制，给市民带来实惠。公共汽电车与轨道交通实行“一票制”，普通轨道交通票就是“一次性通票”。为方便巴黎市区及近郊居民乘车，鼓励人们购买周票、月票或年票（市区地铁和郊区地铁为同一种票）。周票16欧元，月票48.2欧元，年票530.2欧元。由于购买月票和年票的单次成本比零买普通票便宜许多，大多数依赖公共交通出行的巴黎居民都拥有一张地铁月票或年票。因此，地铁月票和年票也被称为巴黎公共交通的“长期通票”。地铁月票或年票并非只有一种售价，不同特殊群体还可享受不同程度的优惠。例如，学生凭学生证购买地铁月票每张只需30.35欧元，年票只售281.3欧元。虽然实施月票和年票等措施使巴黎公共交通运营公司的收入大为减少，但却鼓励更多市民选择公共交通方式，为了服务城市的总体利益，公司每年还是大力宣传、指导居民购买最适合自己的票种。

此外，巴黎针对旅游者还推出了1区至3区的日票、两日票、三日票、五日票等，其票价分别为8.35欧元、13.70欧元、18.25欧元和26.65欧元。

（三）政府扶持政策

1. 公共交通税政策

依据法国公共交通法建立的公共交通税，规定在公共交通服务范围内的公营、私营企业，凡是职工人数超过9人的，需按工资总额提取1.2%～2%的公共交通税上缴，管理部门在一定上限以内决定税率，从而保证公共交通发展有可靠的资金来源。交通税于1971年首先在巴黎开征，自创立以来，交通税的征收办法与范围经过几次修改，需要交税的雇主所在区域由最初的巴黎城内扩充到1991年的整个巴黎大区。交通税的计算方法是用总薪水乘以公司所在区域的税率（巴黎市区交通税率为2.4%）。交通税收入的90%以上用于支付运营公司成本，剩余部分用于投资的各项支出。征收的巴黎交通税，每月由巴黎交通管理委员会分配给公共交通总公司、国家铁路运营公司等运营企业，成为巴黎公共交通企业弥补亏损的重要来源。

1982年以来，巴黎大区除企业征收公共交通税以外，同时雇主还要间接支付公共交通费，为其搭乘公共交通的雇员承担50%的费用。这一举措的目的也是鼓励使用公共交通，减少私车出行。

2. 财政补贴政策

巴黎市政府不允许作为公益性行业的公共交通企业以盈利为目的。公共交通企业每三年要制定一次三年规划，实际上是收支平衡的计划。计划包含企业的各项收支情况，反映企业的各项经济活动。巴黎交通管理委员会审核客运收入、交通税以外的收支差额等，差额全部由财政补齐。

中央政府对其他地区的公共交通经营亏损不予财政支持，但在巴黎大区却与地方财政共同分担财政补贴支出。2001年前，对巴黎大区公共交通投资经营的资金缺额，由国家财政补贴70%，巴黎大区各地方政府承担30%。2001年巴黎大区交通管理委员会机构调整后，国家在公共交通企业的一些部门派驻税务人员，经常进行检查，确保公共交通企业正常发展及国家财政补贴作用的发挥。

3. 公交专用道

在法国，“公共交通优先”政策还体现在政府对公共交通车道的“保护”上。巴黎多数街道狭窄，且80%为单行线。但是，不管街道如何狭窄，巴黎主要路段都设有专门的公交专用道，并印有醒目的“BUS”字样，甚至在很多单行车道设置“逆行公交车道”。巴黎很多路段还设置专门的公交车通行信号灯，公共汽电车优先通行。有的路段在接近路口几十米处，不仅用粗线划分公交专用道，而且以一定的凸起作为隔离，防止其他汽车抢占公交车道，在少数关键路段，还全程建有与人行道一般高的隔离设施，形成封闭的公交车道，彻底阻止其他车辆入内。

第七章 英 国 伦 敦

伦敦公共交通运营系统经历了由公有化到私有化，再到政府授权、委托运营的过程。进入21世纪后，伦敦市政府以提高交通系统的效率、能力、质量和可靠性为目标，提出了“新世纪交通发展战略”，从规划、建设、票价、质量和交通需求管理等各个方面全面推进公共交通发展。

一、城市背景

伦敦市是英国的政治、经济、文化中心和交通枢纽，也是世界金融中心之一。伦敦的行政区划分为伦敦城和32个自治市，伦敦城外的12个自治市称为内伦敦，其他20个自治市称为外伦敦。伦敦城、内伦敦、外伦敦构成大伦敦市，整个大伦敦市面积为1580平方公里，人口700多万，道路总长13580公里。伦敦大都市区则是包括大伦敦在内的东南地区，面积10385平方公里，人口1185万。

二、公共交通发展沿革

在英国，城市公共交通有悠久的历史，政府从1930年开始对公共交通实行全面管理。到20世纪60年代，公共交通主要由国家或地方政府负责，一些国营的大公司经营。

20世纪70年代初，政府开始实施外部补贴，在7个最大的省级城市建立了客运交通的行政管理部门，负责总体协调。但此时，英国的公共交通出现了票价上涨、客流下降等恶性循环现象，财政补贴更是直线上升。英国政府认为造成这种现象的原因在于国营大公司的垄断经营不利于经营效率的提高，因此，决心对经营机制进行改革。

1984年，国有的伦敦地区交通公司负责经营伦敦地区的公共汽车和地铁业务。考虑到伦敦的特殊性，英国政府认为还没有条件像其他地区一样立即实行自由竞争和下放经营管理权。因此,1984 年通过了伦敦地区交通法,决定先在公共交通线网内,对竞争路线实行经营许可制度,但仍然保持一个整体性的票价和服务体系,由伦敦地区交通公司作为委托人,并采取成本合同的方式,对各条线路进行招标,中标经营者按合同规定提供服务,并获得规定的收入。票款收入全部归伦敦地区交通公司,由其承担经营风险。如果经营者服务质量达不到合同规定的要求,将受到一系列警告,直至取消经营权。

1985 年议会通过了一项交通法,要求公共汽车公司实行私有化,将经营管理权下放给企业,按商业化原则经营;公共交通市场实行公开竞争,票价由市场决定;除了必须经营的亏损线路外,政府不予补贴。实施改革后由于竞争激烈,大多数企业经济效益并不高,于是又出现了重新组合的趋势。到 1995 年,英国全国公共交通市场 53% 的份额由 6 家大公司占有。

伦敦公共汽车公司是伦敦地区交通公司的下属企业,为了改革的需要,成立了 12 家半自主的子公司,这些子公司以平等的地位与其他私营公司一起参加投标,为实行经营管理权下放和私有化提供了条件。伦敦地区第一批签订合同的 12 条路线于 1985 年开始运营,此后签订合同的路线逐步增加。其中,伦敦公共汽车公司的运营子公司获得 55% 的路线,其余 45% 的路线由私营公司经营。

随着公共交通服务竞争性采购的逐步发展和独立运营商的逐渐增加,12 家运营公司必须适应更为商业化的环境。20 世纪 90 年代,英国政府要求伦敦实施经营管理权下放,开放公共交通市场,实行公开竞争。1994 年,12 家运营公司开始私有化,到 1995 年 1 月,成功出售了 11 家公司,其中 4 家被管理层收购,7 家被私人公司(其中 1 家已解散)收购。

实行公共汽车经营私有化和放松管制后,经营者大力降低运行成本,提高劳动生产率,提高票价;造成的结果是虽然公共交通完成的单次平均营业收入增加,但公共交通乘客数量减少,公共交通占客运市场份额下降。

2000 年伦敦市市长肯·利文斯通针对伦敦的交通问题,指出要发展大运量的公共交通系统。2004 年英国交通部发布了题为“公共交通——更为明智的选择”的文件,从政策的角度鼓励人们出行使用公共交通工具。

三、公共交通现状

伦敦公共交通系统以轨道交通为骨架，公共汽车、有轨电车、轮渡为辅助。在伦敦市区，公共交通出行占总出行比例达到了72%；在伦敦大都市区范围内，公共交通出行占总出行比例达到38%。

伦敦轨道交通采用多层次、多类型的交通模式，分为地铁、快速轻轨（以地面或高架形式为主）以及高架独轨等类型，形成了一个综合的轨道交通系统。地铁与城郊铁路共轨在伦敦也是一种常见的轨道交通方式，既能实现线路资源共享，又有利于提高城市周边旅客进入市区的换乘方便性。地铁是伦敦公共交通的核心，1863年伦敦第一条城市地铁投入运营，至今已拥有完善的地铁网络。目前，伦敦地铁公司是唯一一家地铁运营商，共运营12条线路、275个车站，地铁总长416公里，承担着伦敦大都市区公共交通客运量的26.3%；地面轨道交通（包括火车和轻轨）集中在泰晤士河南岸地区，其客运量占伦敦大都市区公共交通客运总量的23.7%。伦敦市轨道交通网络布局如图7-1所示。

图7-1　伦敦市轨道交通网络布局图

伦敦公共汽电车作为地铁、轻轨系统的补充，定位于服务中短距离的出行，共有线路700多条，车辆6500多辆，日均客流量540万人次，运营企业38家，其客运量占伦敦大都市区公共交通客运总量的50%，伦敦市双层巴士及公交车站信息服务系统如图7-2所示。

图7-2　伦敦市双层巴士及公交车站信息服务系统

地铁、火车与公共汽电车线路之间纵横交错，形成了密集、便捷的公共交通网络。据伦敦交通委员会统计，平均每条地铁与10条公共交通线路交叉，地铁与火车的交叉站点多达46个，各种交通工具的换乘非常方便。

四、公共交通管理机构与运营机制

(一)管理机构

1933年，伦敦成立了"乘客交通委员会"，负责统筹管理首都的公共交通。1970年，隶属市政府的"伦敦交通署"接管伦敦公共交通管理业务。2000年7月，伦敦成立了新的公共交通管理机构——伦敦交通局，负责管理伦敦市区的交通事务，包括公共汽电车、地铁、出租车等(除部分国家铁路)，以及道路、航运等的投资、建设和运营管理，以及执行市长交通政策、制订公共汽电车优先的运营措施和交通管理方案等。

伦敦交通局的主要职责是：决定公共汽电车的运营线路及停靠站设置、轻轨交通的发车间隔和地铁的服务标准、安全应急及运营时间，负责安装路面标志和规定运营公司为乘客提供实时交通信息,负责制定票价和管理“牡蛎卡”,提供地图,负责市场宣传,建设换乘车站,决定建设新的轨道线路或延长既有线路,负责出租汽车的牌照发放和规范管理等工作。

2000 年,伦敦还成立了交通服务顾客委员会。该委员会由伦敦议会建议组建,负责监督伦敦公共交通服务,其成员由伦敦市议会任命。委员会通过调查乘客投诉,对公共交通系统开展独立研究,保持与公共交通调度员的经常性对话,评估公共交通站点的增设或关闭的可行性及实施时间等,监督伦敦公共交通政策的全面落实。委员会召开的所有会议都对公众开放,市民可在其网站上提交意见,还能了解委员会调查项目的进展情况和作出的结论。

(二)运营机制

目前,伦敦市内的公共汽电车运行由伦敦公共汽车公司统一经营管理,伦敦交通局为伦敦公共汽车公司提供资金支持。伦敦公共汽车公司的职责包括设计运行线路,确定公共汽电车服务等级,以及监督运行质量,管理车站和其他辅助交通设施等。公共汽车公司通过招标委托给各家私营公共交通企业负责具体运营。伦敦公共汽车公司与各个私营企业之间签订合同,前者监管后者的运营服务工作,合同详尽明确地规定了所提供的服务内容和要求。伦敦公共汽车公司每年要对 1/5 的公交线路进行重新招标,淘汰不合格的公共交通企业,更换新的运营企业,并且每年对大约 1/2 的路线进行评估。伦敦市各私营公共交通企业根据投标获得线路经营权以及政府的补贴。

五、公共交通管理政策与措施

(一)公共交通发展战略

2000 年伦敦市市长肯·利文斯通,针对伦敦的交通问题,从市长的角度提出了他的交通发展战略,指出只有大运量的公共交通系统才能有效支持巨大的交通出行量,才能使交通建设与经济发展相互促进。同时,要求把对环境的影响降到最低，使人们的出行效率最高、安全系数最高。

这一"新世纪交通发展战略"的目标是提高伦敦交通系统的效率、能力、质量和可靠性。发展战略提出：扩大地铁的运营能力、减轻拥挤程度、增加发车密度、提高准点率；建设新的地区铁路线，以及有轨电车，从而扩大伦敦交通系统的运营能力；改善公共汽车的服务，包括提高车速和可靠性；改进国家铁路系统与伦敦其他交通系统的协调配合，使通勤交通更为方便；改善关键的换乘站，创造安全和良好的候车环境，提供更好的信息服务；鼓励公众使用公共交通工具，减少私家车的出行比例；支持自治市的地方公共交通发展等。

（二）规划及基础设施建设

在城市和交通规划方面，伦敦实行交通发展与用地开发结合的公共交通引导城市发展（TOD）模式。在未完全开发地区，以公共交通引导城市发展，沿着车站服务圈建设商业或办公中心。例如，道克兰轻轨延长线将经过 Thames Gateway 以东地区，城市就沿着这条交通走廊发展。在市区，车站设置时考虑了与已有设施有效结合，从伦敦市中心区内任何一个地铁站出来都能很方便地到达该区域的地标建筑或商业设施。

历届伦敦市政府的工作重点之一，就是加强公共交通基础设施建设，每年都有大量政府预算和私人资金投入到公共交通建设中。2002 年 10 月，英国交通部出台减缓交通堵塞计划，投资 1.5 亿英镑，在 92 个堵塞严重地区实施改进措施，改善主要公路和高速公路的行驶条件，包括在使用率较高的高速公路和环城公路上设立新的公路环岛并更换车道标志。为迎接 2012 年在伦敦举行的奥运会，满足每天 1000 万人次使用公共交通工具的需求，伦敦市交通局宣布了总额为 100 亿英镑的 5 年（2005～2009 年）公共交通基础设施投资规划，其中 60 亿英镑来自政府投资和银行贷款，40 亿英镑来自私营企业。改善基础设施的主要措施有：

1. 建设公共交通换乘枢纽

建设大型换乘枢纽，使乘客可以在公共汽电车、轨道交通、铁路以及长途客车间进行无缝换乘。伦敦市中心区周边的公共交通车站大部分都是整合了公交、轨道交通、铁路的车站。如伦敦维多利亚站，最底层为维多利亚地铁线，中间层为地区线和环线，地面为国铁车站，是伦敦市到英国各个地区的最重要、最繁忙的大型综合换乘枢纽之一。同时，地面还有通往伦敦市区各个方向的公共汽电车线路，200 米之外是去英国各地的长途客运车站。

2. 优化公共汽电车网络

伦敦积极扩大公共汽电车网络在外围区的覆盖面，使90%的家庭在400米服务半径内有公共交通站点。在城市中心区增设公交专用道，设置交叉口公交优先信号，道路最左边的一条车道通常被开辟为公交车辆专用道，路面印有红色的专用车道字样，目前，伦敦设立了总长为580公里的公交专用道。

3. 加强公共交通信息化建设

伦敦市使用 iBus 系统，实行智能化路面交通管理，在全市主干道的1450个地点安装了选择性车辆识别系统，并在公共汽电车车头和车尾安装无线电发射器，当感应器接收到车头发射器信号时，就会自动将信号传给红绿灯控制中心，控制中心通过延长绿灯时间，使公共汽电车辆快速通过路口。iBus 系统能够在公共汽电车辆经过设立有信号灯的道路时记录车的位置，然后系统会对这辆车进行实时的卫星跟踪，使调度人员能够精确地监控车队，防止出现车辆“扎堆”的现象。同时，在地铁、铁路、公共汽电车、轮渡站都提供相关换乘信息，站台设置实时信息电子屏幕，便于乘客了解车辆的到达信息，及时掌握出行时间。

（三）票价管理

为吸引人们更多采用公共交通方式出行，伦敦市政府制定了一系列优惠的公共交通收费政策，同时将各种可能换乘的公共交通方式结合起来，为乘客提供多种选择。

（1）乘客可以选择每次乘车时按次付费的次票，次票对于每日出行次数不多的乘客是较好的选择。

（2）对于每日出行数量较多，同时可能采用多种出行方式的乘客而言，出行卡是最好的选择。一张出行卡能够在伦敦市交通局管理范围内的所有公共交通工具上使用,使用出行卡乘坐地铁、有轨电车、公共汽车、轻轨,交通费享有更多的优惠。

(3)对于居民的正常工作出行,可以购买享有更多折扣的季度卡。季度卡可以是某种单一出行方式的交通卡,也可以是整合不同出行方式的交通卡。

(4)为提高上车、进站的效率,伦敦交通局推出了一种名为"牡蛎卡"(Oyster Card)的电子付费卡,牡蛎卡兼容以上3种付费方式的同时,在不同时期还有一定的优惠。同时,为了鼓励人们避开交通高峰期出行,伦敦市政府制定的票制中,交通高峰时段出行的费用比交通低峰时段出行费用要高30%~40%。目前,用于地铁通行的"牡蛎卡"已可用来乘坐75%的公共汽电车及火车,伦敦正在努力推广"牡蛎卡",目标是使所有公共汽电车和火车都实现一卡通。伦敦市火车协会已接受政府意见,拟花费200万英镑,在各轨道交通站设立"牡蛎卡"读卡器及配套设施。

伦敦公共交通票价对特殊群体实施优惠待遇。60岁以上永久居民以及部分残障人士可申领"自由通行证",免费乘坐公共交通工具,费用由政府补贴。残障人士的"自由通行证"没有任何使用限制,但老年人的"自由通行证"却有一定的时间限制,规定周一到周五早上上班高峰时间不能使用,如果老年人此时出行,必须购票。

(四)服务质量管理

伦敦市对公共汽电车行业提出了严格的服务标准。2001年10月颁布的政府管理规章中规定,服务质量低劣、事故不断、乘客投诉量大的公共交通企业,将受到经济制裁和其他处罚,甚至吊销营业许可证。而服务好、运行安全可靠、乘客满意度较高的企业可获得政府的经济奖励和政策优惠。

此外,伦敦市政府公共交通管理部门每年派出多名公共交通客运监督员,在线路上进行检查。这些监督员带着摄像机在伦敦市各条公共交通客运线路上,对从业人员的服务态度、驾车规范、车辆状况、事故处理和乘客反映等情况进行现场考察,他们拍摄的资料均作为评定公共交通企业运营管理优劣的重要依据。

(五)交通需求管理

1. 交通拥堵收费

2003 年 2 月,伦敦开始实行交通拥堵收费政策,对进入市中心区的社会车辆征收拥堵费,伦敦市交通拥堵收费区域如图 7-3 所示。与收取一次费用的“过路费”不同,伦敦按照进入区域进行收费,也被称为“区域许可证”。在伦敦中心区划出特定区域,在固定时间段对出入此区域车辆进行交通收费,以此控制交通流量,改善出行结构,促使居民尽可能地改乘公共交通工具进入中心区,以达到缓解中心城区交通拥堵的目的。

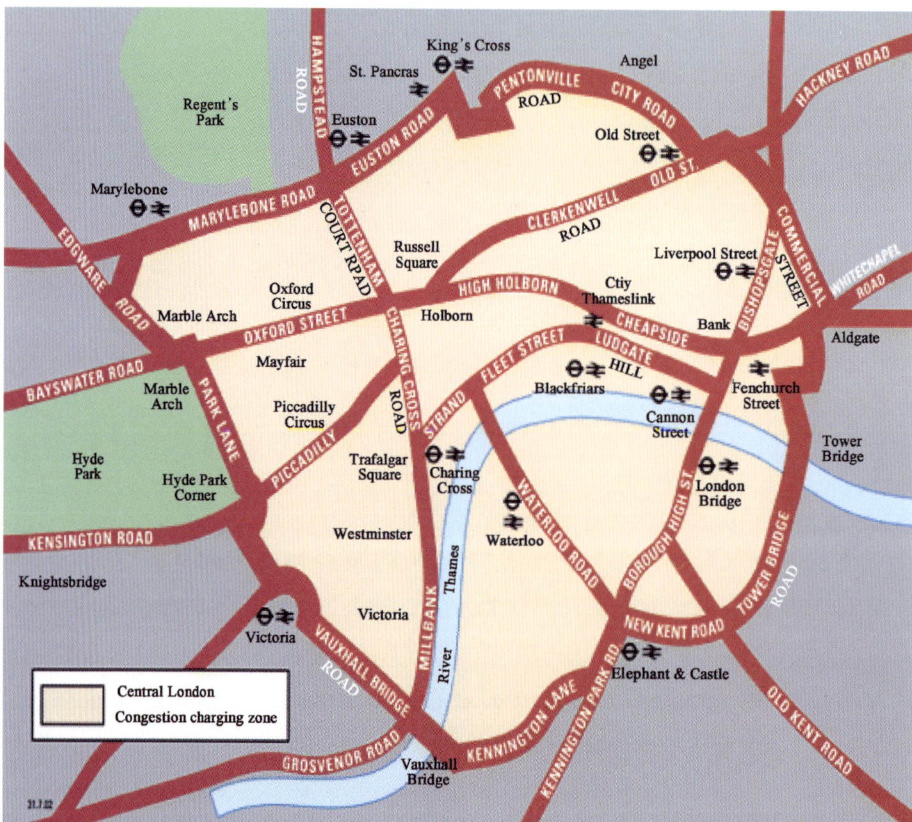

图 7-3　伦敦市交通拥堵收费区域示意图

交通拥堵收费计划自实施以来,取得了较为显著的效果,交通拥挤状况得到明显改善。收费区域的交通量减少了大约 30%,交通延误时间缩短,市民的出行方式和出行结构进一步优化，很多人开始转乘公共交通工具进入收费区域。该政策尽管还存在一些问题和争议，但总体上有效地缓解了伦敦中心区的交通拥堵局面。政策实施后每年有8200万英镑左右的收入用于交通建设投资，主要用于改善公共交通运行水平、降低公共交通票价、完善服务设施、增加公共交通服务中的残障设施等。

2007年2月，伦敦市政府开始考虑把拥堵收费取得的成果应用于伦敦市中心区的其他区域，向公众人士及利益相关者征询意见后，目前征费区域已扩展到西部地区，包括贝斯沃特、诺丁山、南北肯辛顿、切尔西、伦敦市、马里波恩等地区。

2."停车—换乘"政策

伦敦市20世纪70年代就启动了"停车—换乘"计划，即在城镇外围修建大面积的停车场，鼓励市民将轿车停放在停车场，然后再乘坐公共交通进入城镇。英国《规划政策指南》明确："停车—换乘"是公共交通体系的重要有机组成部分，应突现社会公益性地位。政府鼓励在城市外围铁路、轨道交通车站周边建设大型停车场，免费或者收取很少的停车费，鼓励人们通过换乘公共交通工具上下班，减少高峰期间的道路交通量。同时，控制城市中心区办公场所停车泊位的供给，并提高中心区停车场的收费标准。

英国大部分"停车—换乘"停车场都有政府财政预算支持。在建设方面，"停车—换乘"设施主要由政府投资建设；在运营方面，由于"停车—换乘"的运营维护费用较大，政府给予补贴或扶持。

到2007年年底，英国大约有60个城镇提供165个专门的"停车—换乘"场站，共有7万多个停车泊位。其中，117个停车场与公共交通站点接驳、8个停车场与轻轨接驳。另外，在国家铁路公司铁路网络中的主要郊区车站也提供一定数量的停车泊位，主要是为长距离出行的人提供服务的"停车—换乘"停车场。

第八章　瑞典斯德哥尔摩

斯德哥尔摩市的公共交通系统非常发达，整个瑞典公共交通运量的50%是在斯德哥尔摩完成的。斯德哥尔摩的城市发展规划富有特色，市中心向外扩张的土地开发集中在由轨道交通覆盖的卫星城镇，成为城市与轨道交通协调发展的典范。以公共交通为导向的社区发展模式促进了双向客流的平衡发展，避免了“潮汐”交通现象，使公共交通系统得到了均衡利用。

一、城市背景

瑞典首都斯德哥尔摩位于波罗的海西岸，是瑞典最大的城市，北欧第二大城市，由14个岛屿和一个半岛组成，面积200平方公里，人口约为170万，占瑞典总人口的20%。

斯德哥尔摩人口中大约一半居住在市中心，其余居民又有大约一半居住在按规划建设的新城镇中，这些新城镇环绕在斯德哥尔摩市中心的周围，通过放射状的轨道交通与市中心相连。

二、公共交通发展沿革

1898年，霍华德发表了《明日的花园城市》，提出“花园城市”理论。斯德哥尔摩的规划建设借鉴了霍华德花园卫星城的设想。

1950年，斯德哥尔摩开通第一条地铁线路。

1967年，斯德哥尔摩交通公司（SL）成立，由地铁、轻轨、公共汽电车和轮渡公司等联合组成，负责斯德哥尔摩地区的公共交通服务和协调管理等。

1991年，斯德哥尔摩交通机构被划分为两部分：一部分为交通计划部门，主要负责公共交通服务及票价调整等方面的事务；另一部分为公共交通操作部门，主要负责其公交线路向私人公司承包的事务。

2007 年,斯德哥尔摩开始实施城市交通拥堵收费制度,是继伦敦之后欧洲第二个拥堵收费的城市。

三、公共交通现状

斯德哥尔摩公共交通系统由地铁、轻轨和市郊铁路以及公共汽电车组成,公共交通运量占整个瑞典的 50%,每天均有超过四成(高峰时段七成以上)的城市出行者通过公共交通出行。在斯德哥尔摩,每千人拥有 402 部轿车,低于瑞典每千人 452 部轿车的平均值。

斯德哥尔摩是城市与轨道交通协调发展的典范,以市区为中心辐射状通向几个卫星城的地铁系统,形成了公共交通的主骨架。斯德哥尔摩拥有北欧地区规模最大的城市轨道交通系统,共有 9 条轨道交通线,地铁、轻轨和市郊铁路各 3 条,每条线又有多条分支延伸到市郊的各个社区,总长度超过 400 公里,有 240 多个站点。城区内的轨道交通主要在地下运行,而城区外的几乎都在地面上运行,形成一张四通八达的网络。斯德哥尔摩市轨道交通网络布局如图 8-1 所示。

斯德哥尔摩实现了全方位的公共交通综合服务。除了发达的轨道交通系统外,还有四通八达的公共汽车线路。目前,公共汽车线路 400 余条,超过四分之一的车辆使用乙醇和沼气两种清洁的可再生燃料。

四、公共交通管理机构与运营机制

(一)管理机构

瑞典公共交通局是负责公共交通规划、协调和装备的机构;公共交通局理事会由各省的省长和部分市长组成。

公共交通局的主要职责是:在充分考虑社会经济条件和资源长期有效利用的前提下,规划和开发公共交通系统;协调公共交通系统中各种交通方式的比例和公共交通票价;负责公共交通运营招标;检查运营企业的业务活动;研究市场开发和发展战略等。

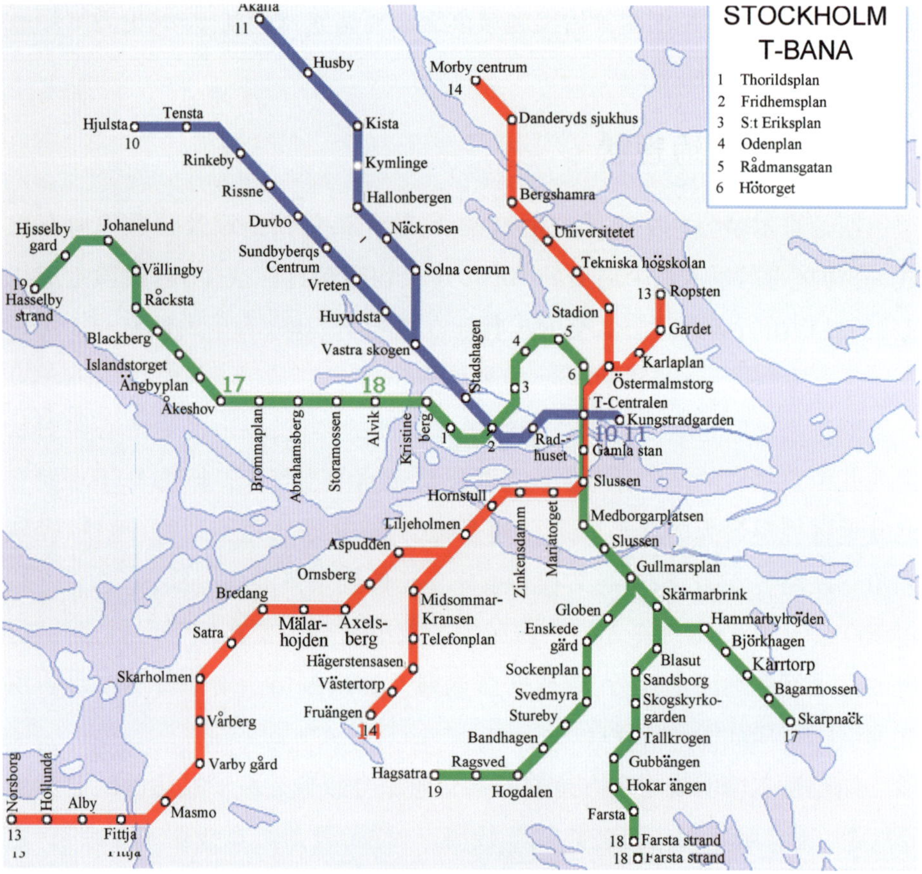

图 8-1 斯德哥尔摩市轨道交通网络布局图

(二)运营机制

斯德哥尔摩市的公共交通由公共交通运营商斯德哥尔摩交通公司管理。斯德哥尔摩交通公司属政府所有,不直接拥有公共交通车辆,但拥有经营权。公司通过整体规划,以招标的形式让多家运营商经营,然后向运营商支付相应的费用。总计约 2000 辆公共汽车,全部由运营商根据要求进行采购。所有公共汽车都采用统一票价,不同公共汽车之间的换乘无需重新买票,换乘非常方便。

斯德哥尔摩公共交通采取特许经营模式,按照合同把经营权授予经营者。每期合同的经营期限通常为 5 年,合同到期后可以再续签 5 年。合同明确服务质量目标，要求授权经营的企业必须满足这些目标要求。各个经营者之间通过竞争，提供更好的服务，以力争获得经营权。斯德哥尔摩交通公司对于车辆的定员和行车间隔具有决定权，并制定行车路线，但具体如何运营则由中标的公司来决定。如果斯德哥尔摩交通公司想要在某个特定区域内改进质量，就会改变目标要求，并具有考核权力，奖励和罚款大致在合同总价值的1% ~2%范围。

根据合同要求，公共交通运营商必须做到：一是根据合同保证提供授予线路或地区的交通服务；二是向乘客提供达到和超过合同要求的高质量服务；三是负责招收和培训职工；四是负责公共汽车的维护与更新；五是制订运营计划，并检查运营情况。公共交通运营商不能降低员工工资，也不能擅自改变员工的雇佣条件，员工实际工作时间按照工会协议规定执行，但是运营商在使用和调配员工，以及安排工作方面有一定的灵活性和更多的创新性。比如，在高峰时段，维修段的经过严格培训的员工也可以充当驾驶员，以解决驾驶员不足的问题；大部分维修工作在运营高峰时段之间进行，以提高车辆利用效率。

总的来说，瑞典公共交通属于调控模式，一方面是国家调控整个系统，决定运营范围和标准。另一方面，私营公司尽自己的能力做好服务，获得一定的利润。

五、公共交通管理政策与措施

（一）公共交通引导城镇发展模式

斯德哥尔摩1945 ~1952年的城市总体规划，确定了建设以公共交通为导向的大都市蓝图。半个多世纪前就制订了城市发展的长期规划，即从斯德哥尔摩市中心向外扩张的土地发展，集中在由轨道交通服务覆盖的卫星城镇。早期新城镇的规划是希望居住人口和工作岗位能实现一定程度的平衡，然而随着时间的推移，规划的重点放在了整合新城镇的规划建设和提供高品质的区域轨道交通服务上。斯德哥尔摩的经验说明，一个地区的居住与工作机会是否平衡与人们对私人汽车的依赖程度没有特别相关的联系，要想使人们减少对轿车的使用,最关键的是要有一个方便快捷的区域性公共交通网络。斯德哥尔摩大多数新城镇中高密度的住宅区分布在轨道交通车站附近,为尽可能多的居民方便地使用轨道交通提供便利。低密度的住宅区则通过人行道、自行车道与轨道交通的车站相连,公共交通成为社区生活中必不可少的组成部分。许多位于郊区的轨道交通车站还与城镇中心广场连接在一起,而广场是禁止轿车进入的。

斯德哥尔摩大力发展公共交通,使越来越多的新城居民和上班族以轨道交通或公共汽车作为出行的首选交通工具。更重要的是,以公共交通为导向的社区发展(一些社区以居住为主,一些社区以就业为主)产生了高效的、双向平衡的交通流。在高峰期,系统的双向间客流量之比为45∶55,造成这种平衡的主要原因在于区域规划中,沿轨道交通走廊将人口和工作岗位的增长集中于紧凑混合开发的郊区市镇中心,产生了由城区到郊区城镇去上班的反向通勤。这样,轨道交通系统克服了潮汐性客流的弱点而得到了均衡的利用。

(二)交通需求管理政策

从2007年8月1日起,白天驶入斯德哥尔摩市中心的车辆必须交纳交通拥堵费,交通拥堵收费区域如图8-2所示。实施交通拥堵收费的主要目的是缓解斯德哥尔摩市中心交通拥挤状况,进而改善其周围环境。规定凡在6:00~18:30之间驶入斯德哥尔摩市中心的车辆,一律交纳交通拥堵费,费用从10~20瑞典克朗不等。该措施在斯德哥尔摩市试行7个月期间,市中心交通流量就减少了20%,同时二氧化碳和主要污染物指标显著下降,空气质量明显改善。鉴于拥堵收费取得的良好效果,斯德哥尔摩政府决定长期地实施道路拥堵收费制度。

斯德哥尔摩拥堵收费与伦敦的主要区别是,伦敦一天只需要付一次费,就可以多次出入;在斯德哥尔摩是每次进入都要付费,但每天有一个最高限度。拥堵费的收取为斯德哥尔摩政府带来额外收入,并将此项收入用于进一步改善城市公共交通和道路设施建设。

同时,在斯德哥尔摩有条件地设置配备计时收费表的停车位。路边停

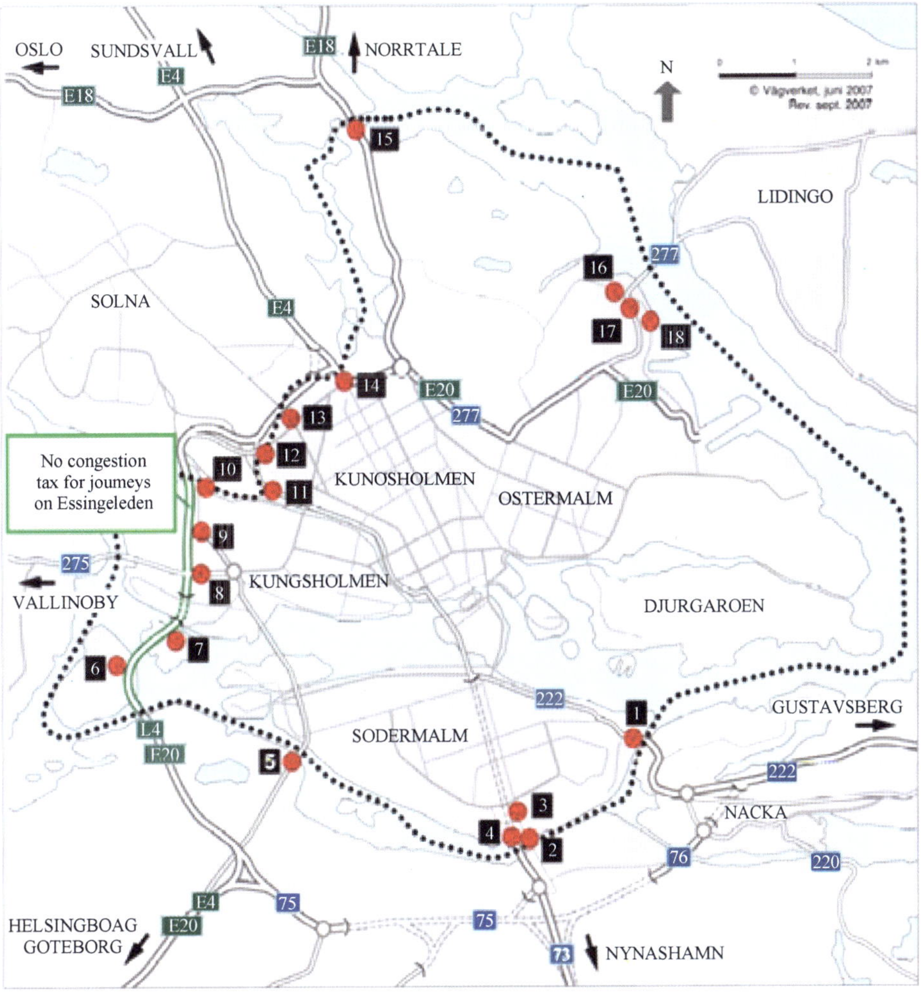

图 8-2　斯德哥尔摩市交通拥堵收费区域示意图

车通常是被禁止的，而路边停车的费率也由市中心至城区外围逐级递减。此外，瑞典还是汽车附加税及汽车注册费最高的国家之一。如 1992 年，瑞典一辆汽车的附加税和注册费加起来约占购买汽车费用的 58%，而在同一时期，美国的汽车附加税和注册费只占新车购买费用的 9%。另外，汽油税则是在基础价值上附加 80%，同期美国这一数据则为 25%。

（三）大力提倡自行车出行

为改善城市环境，斯德哥尔摩鼓励市民骑自行车出行。过去 10 年间，斯德哥尔摩市自行车出行量几乎翻了一番，越来越多的斯德哥尔摩市中心居民选择以自行车代步。目前，斯德哥尔摩市内已建有多条与机动车道完全隔离的自行车专用道路。

2007 年，瑞典公路交通局、瑞典铁路交通局和瑞典经济与地区发展署制订了今后一段时期发展自行车交通的行动计划。根据该计划，这三个政府部门在今后 20 年里，每年将增加 5 亿瑞典克朗的投入，用于实施各种发展自行车交通的措施。这些措施主要包括：成立一个统筹发展自行车交通的全国性机构，增加对全国 30 个中等城市的资助，修建更多的自行车专用道，以及改建公共交通工具及设施，使人们能携带自行车乘坐公共汽车和轨道交通，在轨道交通站和其他公共交通枢纽附近增设比较安全的自行车停车场所等。

第九章　瑞士苏黎世

苏黎世积极实施鼓励公共交通发展的政策，严格落实公共交通路权优先、信号优先、公交财政补贴等措施，但不主张修建地铁。市内公共交通正点率很高，被誉为“瑞士钟表”，也是全世界公共交通使用效率最高的城市之一。

一、城市背景

苏黎世是瑞士最大的城市，也是重要的国际金融中心和黄金市场之一。因其发达的金融业，苏黎世被称为欧洲的金融中心和“欧洲百万富翁都市”。苏黎世城区面积 92 平方公里、城区人口 36.6 万，全市人口 100 万。苏黎世 2008 年被评为世界上生活质量最高的城市。

二、公共交通发展沿革

1894 年，苏黎世出现有轨电车。

1961 年，苏黎世居民投票否决地铁建设。

1973 年，苏黎世居民再次投票否决地铁建设。这一事件成为苏黎世公共交通史上的分水岭，它开创了一个以快速提升传统公共汽电车服务质量、迅速提高有轨电车和公共汽车行驶速度为目标的“公共交通优先”计划。

1987 年，苏黎世议会公布了交通政策蓝皮书，实施鼓励公共交通发展的政策。

1990 年，苏黎世地区交通联合会成立，负责制定公共交通票价、确定财政补贴等。

三、公共交通现状

苏黎世与其他发达国家大城市不同，公共汽电车始终保持着主导地位，是世界上公共交通运营效率最高的城市之一。苏黎世的小汽车拥有量高达40 辆/百人，但使用小汽车通勤的比例并不高。公共交通出行占全市出行的比例达到 32.7%。

一项对苏黎世 6 岁以上市民的出行统计表明，以步行或自行车出行的人群约占 10.5%、乘公共交通出行的占 32.7%、采用其他机动车出行的约占 54.6%。据调查，2008 年包括有轨电车、无轨电车和公共汽车在内的公共交通，总运送乘客数量为 3.1 亿人次，日均运送量 85 万人次。

在公共交通系统中，苏黎世中心的有轨电车（图 9-1）和区域铁路占主导地位，此外还有配套的无轨电车和公共汽车。市内电车和公共汽车的路线纵横交错，遍布城市各个角落，特点是线路多，换乘方便，站距短，行车频率高。苏黎世交通公司有 13 条轻轨交通线路，总长为 108.9 公里；7 条无轨电车线路，总长为 54.4 公里；37 条公共汽车线路，总长为 261.7 公里；7 条小型公共汽车线路，总长为 24.5 公里；1 条轨道缆车线，长度为 0.4 公里。

图 9-1　苏黎世的有轨电车

四、公共交通管理机构与运营机制

（一）管理机构

在 1990 年以前，苏黎世市拥有大量不同类型的交通运营机构（市属、州属、区域性以及全国性的）。该地区不仅缺乏一个统领性的交通战略，而且还缺乏战略性的市场策略、通用的税费政策以及有效的协调机制。同时，越来越多的私人机动车引发交通堵塞，污染和噪声问题也日益严重，公共交通系统的服务质量逐渐下降。

为解决以上问题，1990 年成立了苏黎世地区交通联合会，作为一个区域性交通管理和协调机构，负责制定交通政策、交通战略、财务制度以及提供整体服务等，目的是改善苏黎世市和整个地区的公共交通。出台的公共交通法规定，该州所有参加运营的公共交通企业都必须成为交通联合会的会员，由交通联合会制定统一的标志、统一的价格体系、统一的服务标准，并负责制订未来 5 ~ 10 年内的战略发展规划。整合后的交通系统取得了显著成果，整个苏黎世市和苏黎世地区的交通服务实现了有效协作，为客户提供了优质的出行服务，公共汽车、电车、火车和渡船等实现了一票制。

（二）运营机制

苏黎世交通联合会负责制订发展目标和交通服务标准等内容。为保证优质服务，交通联合会每年与各公司签订合同，设定服务目标，建立奖惩制度。把州政府用于公共交通的拨款核发给各公司，公司所得票款收入上交交通联合会，用于日后投资基础设施建设。

苏黎世市内公共交通主要由苏黎世交通公司经营。苏黎世交通公司前身是私营的苏黎世电车有限公司，后被苏黎世政府收购。目前，苏黎世交通公司是一家市属国有企业，负责运营公共汽车、有轨电车、无轨电车、轨道缆车等。

五、公共交通管理政策与措施

（一）总体政策导向

20 世纪 70 年代，苏黎世交通政策转向了提高已有公共交通系统的运行效率。核心理念是：更多的出行者，更少的机动车。1987 年苏黎世公布交通政策蓝皮书，主要内容包括：提供多种模式的公共交通，减少机动车交通量，在居住区控制机动车交通，控制停车设施的车位容量，确保自行车、步行等绿色交通的安全。

(二)政府政策和措施

1.公共交通网络建设

苏黎世公共交通网络建设的原则是:市内两个站点之间的最大步行距离为300米,白天公共汽电车发车频率为6~7分钟,运行时间是清晨5点至次日凌晨1点(1天20小时),周末还有专门的夜班车,城市内任意两站之间的最长运行时间为1小时。

2.政府财政补贴

公共交通公司的票款收入及其他收入约占成本支出的60%,差额补贴部分由州政府及171个社区承担,大约20%来自苏黎世州(省级),20%来自该系统所服务的各个市。苏黎世交通联合会将40多家会员企业参差不齐的运营成本统一到一个相对合理的水准后,根据线路多少等量化指标,分配线路运营资金,如果运营企业的服务满意度持续不达标,就减少其线路补贴资金,甚至收回经营权。

3.路权优先政策

苏黎世为吸引更多的人乘坐公共交通车辆,制定了公共交通优先的政策,即路权优先、信号优先和利用智能交通系统对全市公共交通车辆进行统一调度。

路权和信号优先是保障公共交通服务水平的重要手段。苏黎世公共交通系统以准点率高闻名于世,其应对日益恶化的交通拥堵的方式不是通过扩大道路的通行能力,而是重新分配道路空间,将道路优先分配给公共交通车辆,苏黎世主要道路上有各种形式的公交专用道。目前在苏黎世有轨电车和公共汽车分得的道路空间与小汽车的道路空间一样多。苏黎世的公交专用车道除了像其他欧洲城市那样在路面上喷涂“Bus”标记以外,有些公交专用车道上还植有草皮,既有明显标记,又能降低噪声、吸纳灰尘、美化环境。

苏黎世采用动态交通信号灯控制系统,所有交叉路口都装有特殊感应器，保证公共汽电车到达时是绿灯。20世纪70年代，苏黎世市开始扩展原有的城市有轨电车系统，并改善城市公共交通服务质量，城市有轨电车运营间隔缩短到6分钟，同时在交通信号灯前有优先通行权，可靠性得到保障，城市公共交通系统的出行分担率有了显著的提高。同时，在城市的每个公共交通车站都设有一块液晶屏，上面以动态方式清晰地显示本站停靠的每一路公共汽电车的到达时间，并且滚动报出等待到站的时间。

4. 公共交通一票制

1990年之前，苏黎世乘坐公共交通需要购买多种车、船票。苏黎世交通联合会成立之后，包括苏黎世在内的整个苏黎世州的公共交通服务得以协调，建立起一个基于区域的票务系统，公共汽车、电车、火车、轮渡和缆车采用一票制。苏黎世按区域来制作车票，在公共交通车站的自助售票机上可以买到乘坐任何区域交通工具的车票。票制分为24小时、4天、8天、15天、22天及1个月，甚至一年有效的通票，乘客可以无限次搭乘联运系统内的公共交通工具。瑞士公共汽车没有售票员，各站都有自助售票机，供乘客提前购票，上车无需出示车票，偶尔会查票。公共交通查验票实行实名制，一旦被查出逃票三次以上，公共交通部门会将其不良记录转给瑞士警方。

5. 停车控制政策

在苏黎世市的中心地区停车位数量十分有限，停车困难。尤其在城市核心区，出行者首先考虑步行，其次考虑的是自行车，再次考虑的是公共交通，最后才是小汽车。苏黎世市核心区的停车位，从1990年以后就没有再增加，通过严格控制城市尤其是城市核心区的停车位，有效限制了小汽车的过度使用。

6. 汽车共享服务

苏黎世交通联合会与汽车共享服务公司开展业务合作。乘客去市郊办事，可先乘公共汽电车到火车站，然后换乘快速市郊火车，下车后再租用汽车共享服务公司的轿车到达办事地点。目前，苏黎世已开设了700个汽车共享停车点。

第十章　俄罗斯莫斯科

莫斯科地铁举世闻名，网络十分发达，建设规模和服务能力都位居世界前列。地铁站台都经过精心设计，富有特色，乘车环境优美。莫斯科建立了完善的地铁运营管理制度，使地铁在城市交通系统中的骨干作用得到充分发挥。

一、城市背景

莫斯科城市建成于12世纪中叶，历史悠久，是俄罗斯的政治、经济、文化和艺术中心，城市面积1081平方公里，人口1460万，分为10个行政区，128个分区。莫斯科河横穿市区，并在奥卡河与伏尔加河之间形成诸多支流。

二、公共交通发展沿革

莫斯科公共交通发展经历了由电车为主，到公共汽车为主，再到地铁为主的阶段。随着地面可用空间的减少以及交通拥挤程度的增加，地铁的优势越来越明显，有效缓解了地面交通的拥挤状况，使市民的出行更加方便和快捷。

1935年，莫斯科开通了第一条地铁线路。

20世纪90年代，随着苏联的解体，莫斯科不再实行苏联计划经济时期的乘公共交通免费政策。

2001年，莫斯科开始推广使用公共交通磁卡。

2006年，莫斯科对首都范围内公共汽电车和地铁的运价进行调整，价格有所上涨，并在公共交通车站全面安装暖气。

2008年，地铁公司开始建造基于MIFARE技术的自动售检票系统。

三、公共交通现状

莫斯科是俄罗斯主要的交通运输枢纽城市,公共交通主要包括地铁、公共汽车和电车(分无轨和有轨两种)、定线小巴等。该城市居民出行以公共交通为主,私人交通量仅占所有客流量的10%~15%。据2005年一项统计,公共汽车年客运量达23亿人次,无轨电车年客运量达7.2亿人次,有轨电车年客运量达5.2亿人次,地铁年客运量达26亿人次。

莫斯科的地铁举世闻名,是莫斯科最主要的交通工具。莫斯科第一条地铁线路于1935年开通,地铁线路和市区布局基本一致,由市中心放射延伸,呈辐射状和环状。到2008年年底,地铁共有12条线路,全长298.8公里,180个地铁站,平均站距为1.8公里,站间最短距离大约为0.5公里。在高峰时段,多数地铁列车每隔1.5分钟发车一次,非高峰时段运行间隔为2~4分钟,晚间运行间隔5~10分钟。2008年年底地铁的客运量占莫斯科公共交通客运总量的56%,日均达700万人次,工作日运送乘客最高达到955万人次,客运量居世界前列。莫斯科每个地铁站台都有自己的特色,经过建筑师和艺术家的精心设计,铺以大理石的墙面和地面,饰以精美的浮雕和吊灯,环境优美。莫斯科市轨道交通网络图及车站分别如图10-1和图10-2所示。

莫斯科市公共汽电车有611条路线,总长为6317公里,车辆5080辆。其中公共汽车线路为487条、车辆3140多辆;无轨电车线路为86条、车辆1290多辆;有轨电车线路为38条、车辆640多辆。公共汽电车运行覆盖范围1000多平方公里,每天约有12万个班次,日均客运量大约为140万人次。

四、公共交通管理机构与运营机制

莫斯科交通与通信局负责公共交通管理。莫斯科将城市公共交通作为一个整体系统来考虑,其中地铁是主要的公共交通工具,公共汽电车起辅助作用。与地铁长距离平行运行的公共汽电车线路比较少,大部分公共汽电车承担短距离运输。莫斯科政府将公共交通定位为公益性质,在确定票价时,始终追求的是地铁运输的社会效益,采取低票价政策,鼓励、引导市民乘坐地铁，同时政府对地铁公司给予一定比例的补贴，确保地铁公司的正常运营。

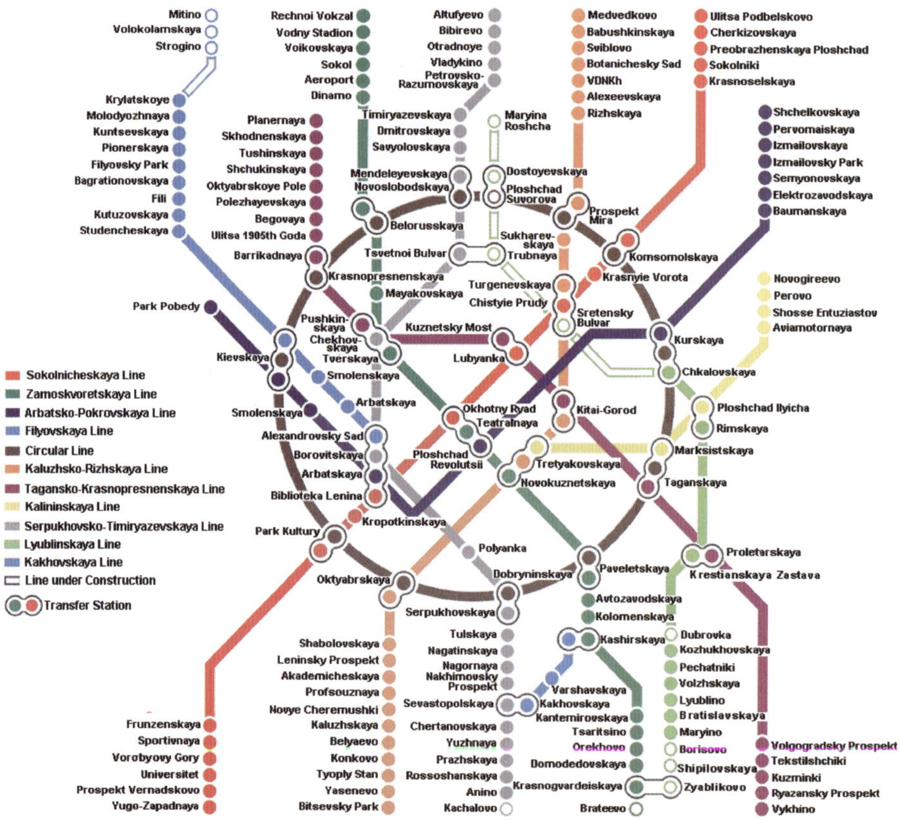

图 10-1　莫斯科市轨道交通网络布局图

图 10-2

图 10-2　莫斯科市轨道交通车站

莫斯科地铁公司负责地铁运营，是一家国有企业。莫斯科规模最大的公共汽电车公司为国有企业，经营莫斯科市区、郊区及长途客运线路 1200 余条，运营里程达 3 万多公里。

五、公共交通管理政策与措施

（一）交通规划

莫斯科市大力发展公共交通，总体规划的发展方向是保持和增加城市公共交通的发展潜力。首先是发展地铁，进一步完善快速对外交通系统和从根本上改造莫斯科的铁路枢纽（交叉口、节点），建立高速铁路交通系统。

莫斯科城市总体规划提出，将地铁线路长度增加到 420 公里，沿中心行政区周边地区建立新的地铁换乘通道，在地铁线上建设新的入口和车站；沿莫斯科铁路小环（55 公里）的路线设置轻轨交通环线，并建立联系市中心与舍列梅季耶沃和弗努科沃机场的高速交通系统；为保证正常行驶，设立特殊行驶区域，发展专用的道路交通网。

对于私人轿车、城市与郊区公共交通的关系，规划提出：沿历史中心区周边，在大型公共设施及其周围地区布置换乘枢纽，用于临时停放汽车，同时改造和发展市郊铁路交通和郊区—城市之间放射形高速公路系统。

（二）票价管理

莫斯科公共汽电车采用无人售票，地铁实行通票制。莫斯科公共交通票制分单次、10次、20次等多种。车票可提前购买，在地铁站厅里和地铁站周边，都有公共汽电车票的售票口，购买10张以上车票，票价才有一定优惠，也可以上车后再买票，但没有优惠。学生可以通过学校购买月票，没有乘坐次数限制。此外，莫斯科市政府还制定优惠政策，退休老人和“二战”老兵等可免费乘坐公共交通。

（三）停车政策

莫斯科正采取措施，打造“一体化的城市停车空间”。主要包括到2020年提供250万个机动车停车位，其中有15万个计划建在交通枢纽附近的停车场上，街道建成大约7万个停车位；建设“停车—换乘”设施；引入停车自动收费系统；新建建筑同步建设满足最小停车需求的停车场；推动停车立法，强化停车政策的执行和处罚力度。

第十一章 捷克布拉格

布拉格的有轨电车网络是欧洲规模最大的有轨电车网络之一，有轨电车是布拉格多元化、立体化公共交通网络的重要组成部分。布拉格建立了先进的调度指挥中心，有效提高了有轨电车运营效率，促进了有轨电车、公共汽车与轨道交通等不同方式之间的衔接。

一、城市背景

布拉格地处欧洲大陆的中心，在交通上具有重要地位。城市面积约 496 平方公里，城区分布在 7 座山丘上，常住人口 120 万，流动人口约 20 万。布拉格也是捷克最大的城市，是捷克的政治、文化及经济中心，国会、政府以及最重要的社会、文化与教育机构均云集于此。

二、公共交通发展沿革

20 世纪 90 年代前后，随着社会、政治经济形势的变化，布拉格交通状况也发生了显著的变化。私有汽车拥有量快速增加，每公里道路的汽车保有量增加了一倍多。相反，公共交通的使用却急剧下降。生活方式的改变、商业的发展以及其他诸如汽车制造和进口限制政策的解除等原因，造成了使用公共交通向使用私有车辆方式的转变。

政治和经济体制的变化也带来了公共交通资金政策的变化。1989 年以前捷克由中央政府统筹公共交通资金投入和运营补贴。1989 年以后，捷克政府在交通政策上做了大幅修改，大大削减了对城市公共交通的财政补贴，并规定此类资金由地方政府负责筹集。国家补贴的急剧减少对于公共交通的影响，直接表现为票价的上涨，公共交通公司受财政补贴的限制，多次上调票价，结果造成 28% 的乘客流失。从 1990 年到 1996 年，公共交通的单程车票价比原来上涨了 10 倍，大大超过同期市场总体通胀率。

公共交通票价的上涨使人们的出行向使用私有汽车的方式转变，造成了突出的交通问题和环境问题，如交通堵塞、空气污染、噪声、交通事故和严重的停车问题等。据统计，人口仅120万的布拉格拥有的小汽车总量高达70万辆左右。布拉格市政府认识到发展公共交通的重要性，并采取了一些有效措施，如成立新的交通管理机构，推进公共交通的总体发展。

三、公共交通现状

布拉格城市交通以地铁和有轨电车为主，城市边缘以公共汽电车和城市火车为主。地铁、有轨电车、公共汽电车和城市火车组成了较为完善的交通网络。布拉格市轨道交通网络布局如图11-1所示。随着公共交通的不断完善和发展，工作日小汽车在交通出行中所占份额不断下降。

（一）地铁

布拉格的地铁于1974年开始投入使用，共有A、B、C三条线，纵横交错贯穿整个布拉格，三条地铁线在市中心都可以互相换乘。

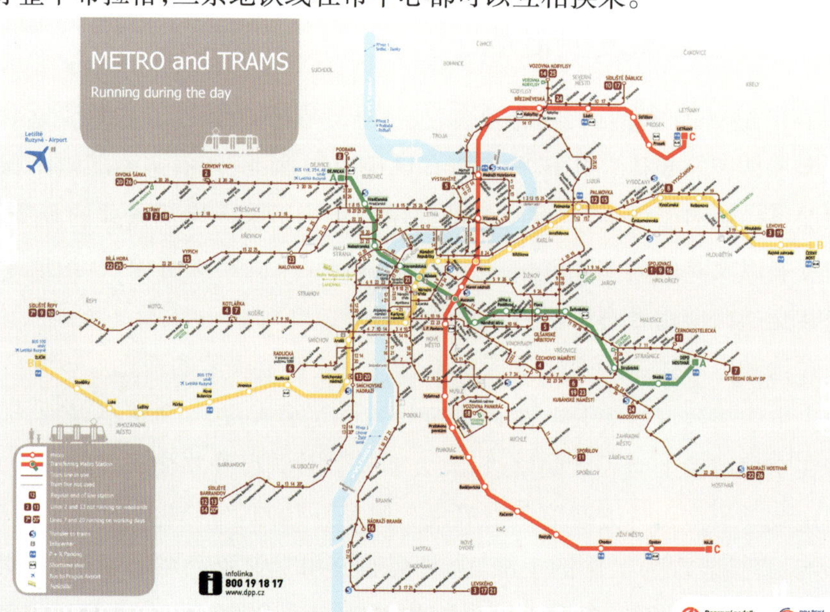

图11-1　布拉格市轨道交通网络布局图

(二)有轨电车

布拉格城区内有轨电车共31条线路,600多个车站,通车里程500多公里。布拉格于1875年9月首次运行有轨电车,20世纪90年代以后,有轨电车作为多元化、立体化公共交通网络的重要组成部分,并随着城市规模的不断扩大而发展,成为重要的公共交通工具。有轨电车最高时速可达80公里,承担的运输量占布拉格公共交通运输总量的32%,其网络是欧洲最大的有轨电车网络之一。布拉格市有轨电车如图11-2所示。

图11-2　布拉格市有轨电车

(三)公共汽电车

公共汽电车承担布拉格市区到郊区的远程服务和居民区之间的交通,主要站点设在地铁和有轨电车站附近。作为轨道交通的补充形式,地铁和有轨电车站点之间都由公共汽电车连接。布拉格有公共汽电车辆2000多台,其中电车近1000台。由于采用智能交通系统进行综合调度指挥,布拉格市公共汽电车的准点率较高,乘客根据时刻表即可方便乘坐公共汽电车。

四、公共交通管理机构与运营机制

(一)管理机构

1993年布拉格成立了新的交通管理机构,是布拉格综合交通区域性组织,负责布拉格公共交通体系以及协调与其临近城市交通的关系,将市内和市郊的地铁、有轨电车、公共汽车以及郊区铁路纳入整体公共交通系统中通盘考虑,在换乘设施的布置、时刻表和票价的制定等方面进行协调,使公共交通服务水平明显提高。

(二)运营机制

布拉格公共交通服务由以布拉格公共交通有限公司为主体的16家运营商提供。地区性公共交通线路的运营是以布拉格市政府(由布拉格综合交通区域性组织机构作为代表)和相关的地方政府,以及运营商等多方协议为基础。所有运营商都签订价格和运营协议,这一协议解决了布拉格综合交通区域性组织机构的收益分配问题。此外,新线路的开发都通过该机构公开招标来实现。

五、公共交通管理政策与措施

(一)城市规划与交通发展

布拉格城市规划的基本策略是,把该市由单一中心转为多个中心,缓解市中心的交通需求压力,以更平衡的方式使用全市土地。20世纪90年代中期,布拉格市制订了"交通政策原则",其中一个原则是协调交通体系的发展和居住区的发展,通过城市规划减少交通需求。

此外,根据议会1999年核准的一份规划蓝图,布拉格空间发展的主要原则之一,就是把发展项目集中在公共交通工具易于到达的地区,以及能与铁路连接的外城区,拓展地铁系统。新的二级区域中心,开始出现在主要地铁车站附近,如布拉格在地铁B线的两个终点站成功地发展了大型的购物中心。

(二)票价管理

整个布拉格公共交通系统实行联票制,出行仅使用一张通票,售票系统由布拉格公共交通公司统一经营。

公共交通系统的车票价格取决于乘坐时间和里程,该系统所覆盖的地理区域分为7种票价区域。市中心的两个区域,称为P区和O区,其未覆盖的从首都到邻近城市的区域又被分为五个扩展区域(1,2,3,4,5 区),延伸到离市中心40 公里甚至80 公里的区域。公共交通系统实行多元化票制,凭一张 20 克朗的车票,能在布拉格的各种公共交通工具之间自由换乘。老人、学生和儿童按年龄段实行相应的乘车优惠政策。很多通勤人员使用月票和年票,价格则更为优惠。另外,还有方便游客的联票,有 24 小时、72 小时、一星期、10 天、15 天的联票等,买联票一般都比单次票便宜、方便。

(三)服务质量管理

布拉格综合交通区域性组织机构,每年拟定一份包括来年的交通服务目录及计算交通服务成本的支出计划书,并提交布拉格市议会批准。根据批准的计划书,该机构制订“公共交通乘客组织方案”,拟定服务质量标准。主要内容包括:公共交通车辆的载客能力,线路所允许的最大间隔时间,到达市中心的用时等。

为进一步改善公共交通服务质量,布拉格公共交通公司于 1997 年制订了“服务质量计划”,从 1998 年开始实施。其中对服务质量的要求提出 4 项指标,即准点率、行车信息、乘客服务、员工风纪。2000 年开始又增加了一项,即售票机的完好率。对每项指标都提出考核标准,对满意和不合格的上下限作出规定。对服务质量指标的检查评定是“服务质量计划”的重要部分,也是质量管理的基本手段,负责质量检查的人员开展定期调查和评价,并提出改进服务的建议。

(四)其他扶持政策

在捷克,国家对城市公共交通实行税费减免政策,所有城市公共交通车辆都免缴养路费,所有城市公共交通企业都免缴土地和房地产使用税。

此外,政府为缓解资金困难的状况还规定,对公共交通企业购买城市公共交通车辆和基础设施投资提供资助。购买电车(城市无轨电车、有轨电车及电动车辆等),政府财政补贴 30%;而购买小汽车,政府财政补贴只有10%。差异化的补贴政策表明捷克政府重视发展更加节能环保的交通方式,并以此加强对城市的环境保护。

第十二章 美国纽约

纽约坚持优先发展城市公共交通，尤其注重发展城市轨道交通。城市公共交通运营以国营企业占主导地位，政府采取的公共交通票价管理和补贴等政策很有特点，体现出政府对公共交通的支持力度。

一、城市背景

纽约是美国第一大都市和第一大港口，也是世界金融中心之一。纽约市由曼哈顿区、布鲁克林区、布朗克斯区、皇后区和斯泰腾岛五个区组成，面积828.8平方公里。截至2007年7月，人口超过827万，是美国人口最多的城市。大纽约除上述5个区外，还包括纽约州、新泽西州和康涅狄格州的26个县，面积达33670平方公里，大纽约地区人口达2190万。

二、公共交通发展沿革

1904年，纽约第一条地铁开通。

1953年，组建纽约市交通局，代表政府行使营运管理职责。

1964年，美国颁布《城市公共交通法》。承诺提供拨款资助各地区交通规划项目，最高数额达到总费用的2/3，目的是维护已有的公共交通系统，改善服务质量并扩大服务范围。

1965年，成立纽约大都会运输署，统一管理纽约大都会区的公共交通。纽约大都会运输署的运作受公共机关法例约束，同时必须遵守联邦运输局等颁布的规定。

1968年，纽约市交通局及其附属机构成为大都会运输署的附属机构。

1970年，美国通过《城市公共交通扶持法》，明确规定公共交通获得道路优先通行权，开辟公共汽车专用道或优先通行道。

1991年，美国通过《综合地面交通效率法》（又称“冰茶法案”），旨在协调多种交通方式之间的相互关系，整合和提升系统运营的整体效益，是全世界推行城市公共交通优先的重要标志之一。

1993 年，纽约州通过《汽油消费税法案》，规定购买汽油必须交税，所收税款用于补贴城市公共交通发展。

1994 年，大都会运输署推出“捷运卡”，大大方便了乘客进站。

1998 年，颁布“续茶法案”，目标是实现高效、安全和利于环境的现代交通体系。

2003 年，成立大都会交通基本建设公司，负责大都会部分项目的建设管理。

2004 年，组建纽约大都会公共交通公司，接管纽约 7 个公共交通企业。至 2007 年，该公司拥有运营线路 81 条，线路里程 883 公里，车辆 1354 辆，日均载客近 37 万人次。

三、公共交通现状

纽约主要公共交通工具包括地铁、通勤铁路、公共汽电车、轮渡等。纽约市公共交通日均客运量达 700 万人次，占出行总量的 75%。据统计，在曼哈顿中心商务区工作的人有 80% 选择公共交通作为出行方式。

纽约地铁线路共 27 条，车站 468 个，列车 6490 多辆，运营总长 660 多公里，日均客运量 510 万人次（图 12-1）。纽约地铁的特点是，大多数线路实行 24 小时运营，全年无休，线路多、车站多，是世界地铁车厢拥有量最多的城市。为了满足不同人的需要，同一线路中又设置了慢车和快车。据统计，每天上午 7:00 至 10:00 的上班高峰时间，进入曼哈顿中心商务区的客流有 62.8% 是搭乘地铁抵达的。

纽约公共汽车线路 240 多条，车辆 4760 多辆，线路总长 3000 多公里，车站 14000 个，日均客运量 250 万人次（图 12-2）。公共汽车运营分为区内运营和跨区运营。其中，区内运营线路约 200 条；在曼哈顿区、布鲁克林区、布朗克斯区、皇后区和斯泰腾岛之间跨区行驶的线路约 40 条。不同区域的公共汽车分别以该区区名的第一个英文字母标示，如曼哈顿标 M、皇后区标 Q、布鲁克林标 B、布朗克斯区标 BX、斯泰腾岛标 S 等。

图 12-1　纽约市轨道交通网络布局图

四、公共交通管理机构与运营机制

(一)管理机构

纽约公共交通由纽约大都会运输署主管，拥有并管理纽约地铁、公共汽车、轮渡及纽约地区的通勤铁路与桥梁隧道。纽约大都会运输署下辖单位有纽约市交通局、大都会北方铁路、长岛铁路、长岛公共汽车公司、桥梁和隧道管理局,以及大都会运输署公共汽车公司等。其中,纽约市交通局具体负责运营和管理纽约市地铁及公共汽车。

图 12-2　纽约市的公共汽车

纽约大都会运输署董事会由 17 名成员组成,经参议员认可后由州长任命,其中 4 人由纽约市长提名,罗克兰德等所辖 7 县各推荐 1 人。此外,还有 6 名轮值成员,其中 3 名为乘客代表、3 名为劳工组织代表。近年,其运营经费构成大致为:票款收入 50%,市政府财政补贴 24%,州政府财政补贴 23%,联邦政府财政补贴 2%,其他收入 1%。

(二)运营机制

1. 公共汽车

纽约市公共汽车主要由纽约市交通局及其附属机构曼哈顿和布朗克斯地面运输局负责运营和管理,承担了纽约市 80% 的地面公共交通客运量。

2004 年 9 月,纽约大都会运输署成立了大都会公共交通公司,兼并了其他公共交通企业,主要负责布朗克斯、布鲁克林和皇后区的公共交通运营,以及曼哈顿与皇后区、布鲁克林、布朗克斯等的跨区运营。纽约大都会运输署计划将其属下的所有公共交通企业(包括纽约市交通局负责的公共交通运营企业)均并入大都会公共交通公司旗下统一管理。

纽约市公共交通并非全部由交通局经营,在一些国营公共汽车不运行的区域,由纽约市交通局购买车辆,与 7 家私营公司签订运营合同,交给这些私营公司经营,每年给予一定的补贴。如 1998 年,纽约市交通管理部门给予私营公共交通企业补贴 1.324 亿美元。与纽约市交通局签订合同的 7 家私营公司,共拥有公共汽车 1260 多辆,每天运送乘客 29 万人次,行驶的路线大多经过居民不太集中的社区,主要将乘客从居住地送往地铁车站,或是提供直达曼哈顿区的快车服务,普通票价为 1.5 美元,快车票价为 3 美元。在过去的几年里,乘坐私营公共汽车的乘客比原来增加了 22%。

纽约私营公共汽车服务与国营公共交通公司相比,有许多不足。如不能像国营公共汽车那样,乘客购票后可免费换乘地铁或其他公交车辆;私营公共汽车运行准点率也比较低,服务水平总体不高。纽约市交通部门规定,公共交通车辆运行从始发到到站,前后误差不得超过 5 分钟,交通局经营的车辆准点率达到了 90%,而私营车的准点率只有 71%;私营车辆车厢的卫生状况较差,满载率较高,高峰时段非常拥挤。1996 年纽约市交通部门购买了 356 辆新车,使私营公共汽车数量提高了 11%,但随着乘客的增加,供求仍然不平衡。

2. 地铁

纽约地铁是大纽约地区城市客运的骨干,占公共交通客运量的近 70%,也是世界上历史最悠久的地铁系统之一。纽约地铁现由纽约大都会运输署管理,纽约市交通局负责运营。

纽约市地铁走过了从私营到公营之路。早期,市政府与两个私营公司签订承包合同,私营公司负责地铁经营管理,政府积极参与地铁的建设和维护。1932 年,纽约市政府为了引入竞争和优化地铁网络,开始直接管理和运营新开通的地铁线路。1940 年,纽约市政府又收购了两家私营地铁公司,实现了地铁公营化,并于 1953 年组建纽约市交通局,由其行使运营和管理职能。1967 年以后,纽约市交通局被纳入大都会运输署管理。

五、公共交通管理政策与措施

(一)总体政策导向

纽约是美国人口密集程度最高的城市之一,为缓解交通压力,纽约市坚持优先发展城市公共交通,尤其是发展城市轨道交通,同时不断提高公共交通的可靠性和经济性，吸引人们使用公共交通出行，以降低私家车的使用率，缓解城市交通拥堵问题。

（二）票价管理

1. 统一票价

纽约市所有公共交通车辆（除行驶在东西快行线上的快速公共交通车以外）的票价，无论路程远近都实行统一票价。地铁和公共汽车同属纽约市交通局管理，两种交通工具联运。而且，残疾人和65岁以上的老年人凭医疗保险证和身份证，购买月卡和周卡可享受半价优惠。中小学生由学校发放学生“捷运卡”，上学期间乘车费用全免。身高在1.1米以下的儿童与大人同行可享受免票待遇，一个成年人可免费带3位儿童乘坐公共交通车辆。

2. 一票到底

纽约市公共交通部门还规定，一张车票在规定时间里可以在同一方向转乘车时使用，即乘客在下车前向驾驶员要一张“转车票”，两小时之内均可以免费转乘同一方向的公共汽车。乘客如果使用“捷运卡”，坐地铁还可以免费转乘同一方向的公共汽车。这种“一票到底”的制度让惠于民，使得市民乘坐公共交通上下班比使用私家车更经济。

（三）人性化乘车服务

公共汽车上下踏板均配有升降梯，以方便残疾人、老人以及推婴儿车的出行者上下车。车内还专设轮椅车停放区，每遇残疾人上车乘客均自觉让座，驾驶员将座椅折起后，会帮忙将轮椅车固定好以保证安全。老年人专座一般设在离车门最近的地方，即使没有明显标注，遇有老年人上车，乘客也必须让座。残疾人若不方便当时支付车费，可向驾驶员索要由交通局预付邮资的信封，回去后将车费寄还即可。

（四）交通需求管理

1. 设 HOV 专用车道

纽约不少区域设置“多人乘坐的车辆”（即 HOV）专用道，鼓励上下班多人共用一辆车。HOV 专用道位于高速公路内侧,是最安全也是最快捷的一条车道。这种车道只允许乘坐 3 人以上(含 3 人)的车辆行驶,如果不足 3 人的车使用这一专用道,将被处以 100 美元以上的罚款。设置 HOV 专用道是为了鼓励节约能源、缓解公路交通拥挤状况。

2. 设置公交专用道

20 世纪 70 年代开始,纽约交通部门开展了公共交通优先措施的研究,首先在曼哈顿中部地区的几条街道上,设置了公共汽车优先通行道,在高峰时段只允许公共汽车通行,公共汽车运行速度明显提高。目前,纽约中心区主要的大街和过河桥梁均设置公交专用道,为没有轨道交通服务覆盖的区域提供可靠的公共交通服务。时段专用道在规定时间内,其他车辆未经许可不准占用公交专用道,一般 8:00 至 19:00 时段内供公共汽车专用。同时,在一些特殊路段及交叉口,禁止公共汽车以外的其他车辆左转或右转。

纽约还在高速公路上设立公交专用道。在高速公路专用道上行驶的公共汽车,一般是中途不设停靠站的直达线路,速度快、安全、准时、经济,许多市民因此放弃使用私人轿车而改乘公共汽车。

3. 停车政策

纽约市采取的停车政策包括:一是在繁华路段的不少地点明确规定任何时候都不得停车,并设立“拖车区”,一旦违反即遭拖车和重罚;二是商用货车和私家车分类管理,在规定时段,明确规定只允许商用货车路边计时停车,私家车除了停入昂贵的地下车库外别无选择;三是限时停车,在规定时段内可路边停车,但一般只有半小时或 1 小时,最多也不会超过 2 小时,超时将遭到重罚。

(五)政府补贴政策

1. 立法保障对公共交通的补贴

1964 年,美国联邦政府通过了《城市公共交通法》,承诺提供拨款资助各地区公共交通规划项目,最高数额达到总费用的 2/3,目的是维护已有的公共交通系统,提高服务质量,扩大服务范围。1970 年的《城市公共交通扶持法》，明确规定公共交通获得道路优先权，开辟公共汽车专用道或优先通行道。在1974年能源危机后，国会首次批准对公共交通实施财政拨款和经营性补贴。1998年，克林顿总统签署《21世纪交通平衡法》，该法增加了有利于城市公共交通发展的内容，鼓励轨道交通、公共汽车发展和城市低速磁悬浮技术的研发，并保证到2003年提供360亿美元的公共交通基金，另有50亿美元可用于各种拨款。

2. 对公共交通的投资补贴

1996年至2016年，美国联邦政府计划改善公共交通基础设施，包括新建线路、购买车辆等共计补贴185.53亿美元，其中用于公共汽车的为43.3亿美元，用于城市地铁的为142.23亿美元。

3. 对公共交通的运营补贴

美国大部分城市公共交通运营的资金来源37%是票价收入，5%是联邦政府补贴，21%是州政府补贴，34%是地方政府补贴，其余则通过减免营业税、消费税或发行债券等其他收入补齐。

4. 使用公共交通的补贴

美国国会在1992年通过《联邦雇员清洁空气奖励法》，规定联邦政府的雇员每日上下班如搭乘公共交通工具，联邦政府就为每一名雇员每月提供65美元的交通券，可用来乘坐公共汽车和地铁。同时，《联邦税法》也作了相应修改，允许企业主也为其雇员提供每月最多65美元的类似补贴，并允许企业将这一支出作为可抵扣税款的营业费用。

5. 政府对公共交通补贴

从1993年开始，纽约州通过《汽油消费税法案》，规定加收燃料税，收缴税款用于补贴城市公共交通发展。据统计，1995年纽约市交通局负责的城市公共交通及地铁运营成本中，票款收入占48.5%，其他商业收入占12.8%，其余38.7%来自于联邦政府、州政府以及地方政府的补贴。

第十三章 加拿大温哥华

温哥华是一个港口城市,整个公共交通系统由公共汽车、空中列车、西岸快车、海上巴士和轮渡组成。空中列车是温哥华公共交通的一大特色,是目前世界上最长的一条无人驾驶的全自动化快速轨道交通系统,确保了在任何气候条件下轨道交通车辆都能畅通、便捷、高效运行。

一、城市背景

温哥华位于加拿大西岸入口,是加拿大第三大城市,同时也是北美洲第三大海港。大温哥华区面积2800平方公里,人口约210万,是加拿大不列颠哥伦比亚省组建的27个行政区之一,创建于1967年,是由21个地方自治市和1个选区组成的联合联邦区,即由各自治市政府选派有关代表组成的一种灵活的联合政府形式,为所在区域提供主要市政服务,行政区的权力由大温哥华区委员会行使。

二、公共交通发展沿革

20世纪90年代以前,大温哥华区的大部分交通事务由加拿大不列颠哥伦比亚省政府管理,其公共交通系统属于不列颠哥伦比亚省交通体系的一部分。为了加强对交通规划、投资和治理的区域控制,大温哥华区委员会和不列颠哥伦比亚省协商后,于1998年成立了大温哥华交通局,1999年4月正式运作,承担管理大温哥华区域交通的责任,为该区域提供运输服务,包括交通规划、公路建设以及交通需求管理等。

三、公共交通现状

(一)空中列车

空中列车是温哥华快速交通系统的支柱,也是温哥华公共交通的一大特色。该系统始建于1986年,是目前世界上最长的一条无人驾驶的全自动化快速轨道交通系统,运营线路总长49.2公里,包括28.9公里的世博线和20.3公里的新千年线,共建有车站32座,日均客运量约18.4万人次。它是温哥华地区公共交通网络的一个重要组成部分,其意义和作用在于能确保由市中心向外辐射的100公里范围内的交通在任何气候条件下都能畅通、便捷、高效运行。此外,空中列车衔接了公共汽车、海上巴士和西岸快车等多种公共交通方式,共同构成了温哥华完整的公共交通网络。温哥华市空中列车网络布局图及车辆如图13-1所示。

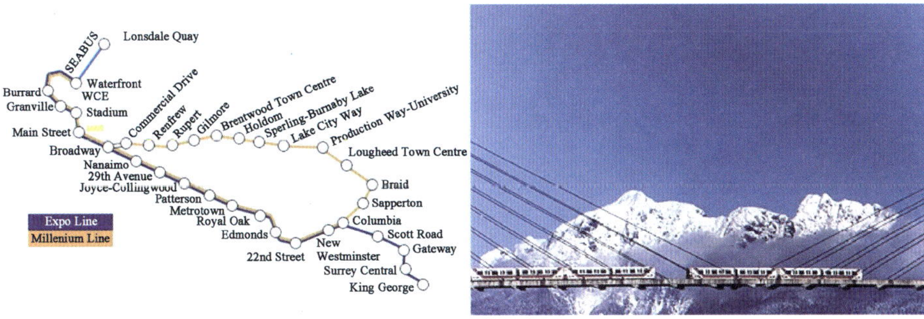

图13-1 温哥华市空中列车网络布局图及车辆

(二)公共汽车

温哥华的地面公共交通分为普通公共汽车、B线汽车、社区短程穿梭汽车等,且都与空中列车连接。普通公共汽车和社区短程穿梭汽车主要运行于市区和社区内,发车间隔时间短。B线汽车运行于远郊及各区之间,发车间隔时间较长,采用大容量的铰接车,停站少、速度快。

(三)海上巴士

海上巴士位于巴拉德海湾,该海湾是一个客运大航道,也是货物集装箱的出入口。温哥华开发海上巴士系统的主要目的是为了减少市中心至北郊区通过狮门大桥的汽车数量,并缩短乘客的出行距离。

海上巴士使用独特的双体船连接温哥华商业中心和北海岸,整个旅程仅需12分钟。温哥华海上巴士共有两个码头,即温哥华商业中心的Waterfront码头(可换乘公共汽车、海上巴士、空中列车、西岸快车)和北温哥华的朗士提码头(可换乘北海岸的公共汽车)。海上巴士也是无人驾驶,由调度室内的电脑设备遥控,乘客可以携带轮椅和自行车乘坐海上巴士。

(四)西岸快车

西岸快车属于铁路客运系统,运行于周一至周五的上下班高峰时期,主要为东北地区的社区居民提供快捷、舒适、经济的服务。西岸快车在 Waterfront 站与空中列车连接,是公共交通系统的辅助部分。乘客也可以携带轮椅和自行车乘坐西岸快车。

四、公共交通管理机构与运营机制

大温哥华交通局是地区交通管理部门,主要负责交通系统的规划、融资、建设、市场管理和政策制定。公共交通具体运营和建设实施由其下属的子公司和承包商负责。

大温哥华交通局具体职责:①负责公共汽车、海上巴士、轮渡、空中列车、西岸快车和残疾人使用小巴等公共交通的管理;②负责区域道路网、有关桥梁及过海轮渡运输的规划、建设、筹资;③负责交通系统的整合;④制订地区空气质量的控制项目;⑤以卫星定位导航系统、交通信号监测系统、智能交通卡等智能交通系统和新技术新手段为辅助,建立高效、安全、舒适的交通运输网络;⑥实施交通需求管理,制定鼓励乘客使用公共交通和自行车的政策。

五、公共交通管理政策与措施

(一)战略规划

大温哥华地区有悠久的区域规划传统,自 1966 年的“官方区域规划”到 1990 年的“创造我们的未来”等一系列规划的制订,为区域长期发展奠定了坚实的基础。在“创造我们的未来”的规划基础上,大温哥华区委员会于 1996 年通过了面向 21 世纪的“宜居区域战略规划”,该规划旨在通过土地利用规划和交通规划来实现城市的可持续发展。其核心内容由四个基本策略组成，其中与公共交通相关的两个策略是：①实现紧凑都市，将未来发展集中在现有的市区中，支持社区容纳中、高密度居住区，从而使得人们能够就近工作和居住，更好地利用公共交通系统和社区服务设施，避免都市蔓延。②增加可选择的交通方式，鼓励人们使用公共交通系统，从而降低对私人汽车的依赖。交通发展的重点依次是步行、自行车、公共交通系统、货物交通，最后是私人汽车。"宜居区域战略规划"因温哥华荣获"全球最适宜生活城市"而备受推崇。

（二）票价管理

在温哥华，各种公共交通工具之间的售票系统互相联网，在规定时间内一次购票可以通用，中途转乘无需再购票。车票种类较多，乘车可以使用一次性车票，也可以使用月票。

温哥华公共交通票价采用区域制，在一个区内乘坐任何一种公共交通方式，统一票价为2.25加元/张；在非高峰时段90分钟内可以换乘其他公共交通工具，并且不限次、不限区；工作日上下班高峰时段跨区换乘需要另支付费用。

温哥华公共交通票制多样，票价经济。临时买票可购10张共18加元的优惠票、8加元一张的日票，优惠票和日票均可任意转乘，不受限制。如果经常乘车则可选择购买月票，票价为98.75加元，不分市区、郊区，可任意乘坐。学生、65岁以上的老人以及特殊人士均可享受1/3的票价优惠。

（三）公交专用道

温哥华在繁忙的路段设置公交专用道，按照交通规则其他车辆不能入内，确保了公共汽车的准点率。在公共汽车站牌上可显示下一班车辆到站时间，而且像地铁一样精确准时，大大提高了公共汽车的通行能力和可靠性。

第十四章　巴西库里蒂巴

库里蒂巴市的最大特点是利用地面公共交通较好地解决了城市交通问题。库里蒂巴从20世纪70年代开始建立起有效的快速公交系统，以“地面地铁”著称于世。库里蒂巴公共交通采取管理与运营相分离、收支两条线的模式，管理和票款收入由政府绝对控股的企业负责，公共交通运营引入适度市场竞争。

一、城市背景

库里蒂巴是巴西第三大城市，同时也是巴西公共交通使用率最高的城市。城市结构具有典型的单中心集中布局的特点，城市核心区呈现为沿公共交通走廊轴向带状发展格局。市区人口160万、面积432平方公里、人口密度为3680人/平方公里，市域人口277万人、面积1562平方公里、人口密度1773人/平方公里。2002年库里蒂巴被联合国评为“最适合人类居住的城市”。

二、公共交通发展沿革

1965年，库里蒂巴市开始实施总体规划。

1974年，市长提出优先发展公共交通思路，并在市区各主干道上规划了公交优先道。同年，建成第一条纵贯南北的公共汽车优先通行的主干道。

1977年，建成南部通往市中心的公交优先道。同年，建立“单一收费体制”，在一次公共交通出行中，仅需购买一张车票就可以任意换乘多次。

1980年，建设封闭式大型公共交通站点，方便乘客快速、安全地在大型站点换乘不同线路，成为公共交通系统发展中一个具有深远意义的转折点。同年，建成横穿市区贯穿东西的公共汽车优先主干道。市中心区向外各方向辐射的城市公共交通网络逐渐形成。

1991 年,库里蒂巴市在各主要枢纽之间开通快速公交,成为公交优先主干道以外的又一个有力补充。同年,库里蒂巴市《公共交通客运服务条例》公布实施。

1992 年,库里蒂巴市从瑞典引进了大型双节公共汽车,这种客车的运力是常规公共汽车的 3 倍。

1996 年,库里蒂巴市将公共交通系统扩展到了整个市郊,为周围几个卫星城的居民提供了交通便利。通过公共交通主干道,卫星城居民只需换乘一次便可到达市区。

1997 年,继续推行公共交通优先政策,并进一步扩展了公共交通系统,公共交通优先道的里程数增加了一倍。

1999 年,库里蒂巴市在原有的放射形公共交通网络的基础上,建成以公交优先道为主的环城高速路。

三、公共交通现状

库里蒂巴市沿着城市的主要“结构轴线”整合公共交通、路网建设以及土地使用,促进城市空间呈线形发展。目前,已形成了较为完善的公共交通系统(该市未建轨道交通),其最大特点是利用地面公共汽车成功解决了城市交通问题。库里蒂巴市是巴西私家车人均拥有量第二的城市,但其私人汽车的使用率很低,大部分人选择乘坐公共汽车上下班。库里蒂巴市 75% 的人通勤出行使用公共汽车,日均客运量达 190 万人次。

库里蒂巴市公共交通网络布局(图 14-1)可分为快速公交线(BRT)、支线、区际联络线、环线、大站快车线、常规放射线及市中心环线等。公共交通系统内共设有三类车站,即筒型式车站(主要供快速公交停靠)、大型公共交通车站和传统车站。其中筒型式车站间距离为 500 ~ 1000 米,其最大优势是可大大加快乘客的上下车速度,此外还使乘客免受天气条件的影响,同时水平登车设计和进站口自动升降装置,使老年人和残疾人乘车更方便。大型公共交通车站多位于综合公共交通网络的轴线上,其中中转式的大型公共交通车站为不同的线路提供相互隔离的上下车站台,并以地下通道的形式将这些站台连接起来,方便乘客换乘。

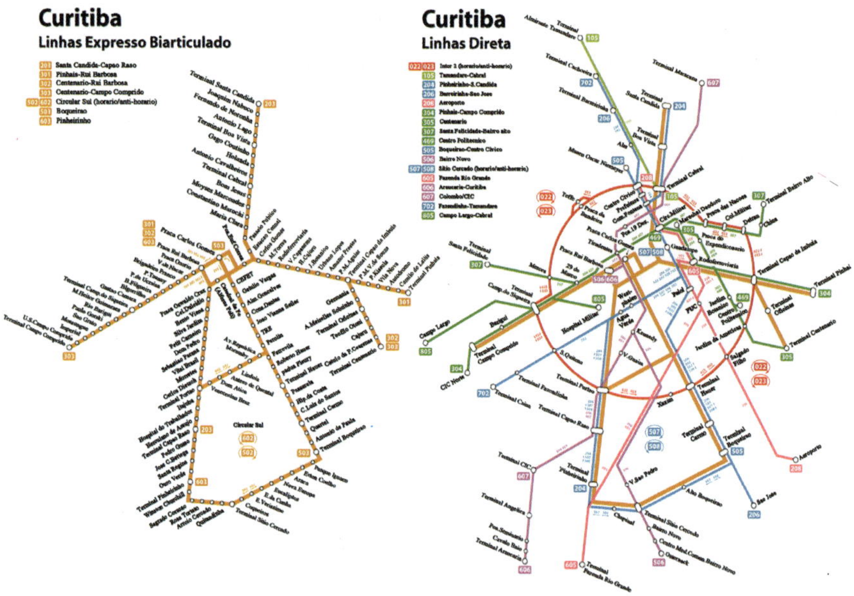

图 14-1　库里蒂巴市公共交通网络布局图

库里蒂巴拥有 340 条公共汽车线路、26 个终点站，覆盖了该市 1100 公里的道路，其中公交专用道 60 公里。全市 1570 多辆公共汽车，分 8 种车型以 6 种方式运营：①在主干道上运营的红色直达巴士；②在主干道和主要街道上运营的银色快捷巴士；③在大容量干道上运营的双铰接快速巴士；④在城市中央商业中心区周围干道运营的绿色市区巴士；⑤在城市街道与地区终点站之间运营的黄色转运巴士；⑥为弱势群体服务的白色特别线巴士。库里蒂巴市快速公交站点与车辆如图 14-2 所示。

四、公共交通管理机构与运营机制

（一）管理机构

1. 城市公共交通公司

1991 年 4 月 23 日公布的《巴西库里蒂巴市公共交通客运服务条例》，授予城市公共交通公司（URBS）实施公共交通的经营、管理、制订运营规划和监督库里蒂巴市公共交通客运服务的权力。委托其代表政府对私人运营企

图 14-2　库里蒂巴市快速公交站点与车辆

业行使履行报批手续、组织公共交通客运服务的权力。同时，指定城市公共交通公司作为唯一特许经营单位。

城市公共交通公司行使如下管理权：划定行车路线和站点；规定线路的行车时间、发车频率、车辆以及总站的使用和设置；对全市公共交通系统进行组织、规划和监督；负责全市公共交通系统预算和收支管理；决定新建或撤销线路及延长或缩短线路；确定乘运人员标准；与批准经营的客运服务企业签署协议；收取票款、改进公共交通系统；确定成本造价的参数和指标；制订核算计划并监督票价的实施；管理获准运营企业人员并进行登记；必要时对企业进行运营管理审计，并可派遣职员监督收费过程；对成本内容的价格变化进行监控等。

2. 市交通委员会

《巴西库里蒂巴市公共交通客运服务条例》授权市交通委员会审议、讨论有关公共交通发展事项，并提出改进公共交通建议等权力。市交通委员会会议由库里蒂巴市市长召集，市长缺席或因其他原因不能召集时，由城市公共交通公司董事长代理。

市交通委员会由库里蒂巴市政府、库里蒂巴市议会、城市公共交通公司、库里蒂巴城市规划研究所、巴拉那州联邦大学、交警大队、社会经济研究统计工会办公室、城区协会、驾驶员工会、记者工会和客运公司工会等代表组成。各成员单位的代表由所在单位指定。

（二）运营机制

1. 运营与管理分离，适度竞争

库里蒂巴市采取运营与管理相分离、运营实施适度竞争的模式。属于政府直接管理的城市公共交通公司受政府委托对整个城市的公共交通线路、场站、车辆和道路交通（包括交通信号控制）等进行管理。该公司国有控股 99%，私人占 1% 股份，公司董事长和总裁由市政府任命。城市公共交通公司管辖的 28 家运营单位都是私营企业，这些企业通过线路招投标的方式，从城市公共交通公司处获得运营许可，拥有自己车队，负责具体运营。

2. 票款集中收取，统一分配

公共汽车运营企业按照城市公共交通公司规定完成运营里程数，同时运营企业的现金票款必须在收到票款的次日 14 点以前，统一上交到城市公共交通公司的专门账户；磁卡、月票和代用券必须存放在城市公共交通公司的财务部门或指定地点。城市公共交通公司留存 4% 的票款收入作为管理费，其他部分按照运营企业完成的里程分摊。政府以城市公共交通公司提交的有关公共交通系统各项成本造价的建议为基础制定票价。企业按质按量完成运输任务后，如果企业的利润率达不到政府规定的标准，不足部分由政府补贴；如果超过规定的标准，则超过部分作为城市公共交通发展资金，以丰补歉。多年来,库里蒂巴公共交通系统通过科学规划、良好运行和有效管理,运营业务不断扩大,收入不断增加,运营企业多年保持较高的利润收益。

五、公共交通管理政策与措施

(一)总体政策导向

自20世纪60年代中期起,库里蒂巴市将公共交通纳入城市总体发展规划,坚持规划优先,综合考虑公共交通发展与城市建设,使其协调发展。20世纪70年代开始,库里蒂巴市贯彻公共交通优先的原则,建立完善高效的公共交通系统。库里蒂巴规划方案确定的沿主要轴线交通走廊进行高密度综合开发的办法,以及优先发展公共交通的政策,是库里蒂巴形成以公共交通为导向的城市发展模式的主要原因。

(二)运营管理规定

1. 运营服务

运营企业必须按指定路线和要求提供服务,城市公共交通公司有权根据乘客和运营的需要,制订和调整计划,并合理安排运力。获准运营企业按照确定的技术要求和运营标准提供服务,其供应情况和质量好坏与分配报酬、补贴挂钩。

2. 运营车辆

运营企业必须按城市公共交通公司规定的数量备足车辆,以最大限度地在其规定地区满足乘客的要求。另外,至少还要拥有10%~20%的运营备用车。必须在原车辆使用寿命到期前的几个月里进行车辆更新,到期车辆必须退出。如果扩大服务范围,增购的车辆也必须在城市公共交通公司规定的期限内(即必须在90天内)到位。一般公共汽车使用年限最长为10年,在公交专用车道上行驶的车辆(技术配置要求相对较高)使用年限最长为12年。

库里蒂巴所有公共汽车必须安装速度表、乘客计数器以及城市公共交通公司要求配备的其他仪表,且不得擅自改动。每天运营必须保证车辆整洁完好，如果出现故障，要立即采取措施，保证将乘客舒适、安全、准点地运送至目的地。不得使用滴漏燃油或润滑油的车辆，如出现故障必须在48小时以内维修好，影响运营安全的车辆不得上路。如违反规定的运营企业将会受到较严厉的处罚。

3. 运营人员

运营企业只能雇用在城市公共交通公司备案登记的人员，运营人员必须执行城市公共交通公司制定的运营准则；保持车辆和场站内部清洁卫生、秩序良好；禁止在车内和场站内吸烟；上班期间和上班前不得饮酒；不得占用车内乘客的座位；不得运载易燃易爆物品；不得运载任何动物；正确着装和佩戴服务标志等。

4. 处罚

城市公共交通公司虽有吊销准运证的权力，但任何罚款和惩罚措施均专属于库里蒂巴市政府行政管理权限。对违反规定行为，视其情节轻重，可实施如下惩处：对当事人予以口头或书面警告；临时或永久性地调离工作岗位；扣留年审证；罚款；吊销准运证。违反两条或两条以上者，无论其性质如何，各条并罚。运营企业在受处分后如不交罚款，可从城市公共交通公司支付给其的票款报酬中扣除。

（三）交通规划

库里蒂巴市注重规划先行，其快速公共交通系统是交通建设与城市规划有效结合的最佳范例之一。库里蒂巴市1965年制订的规划方案确立了城市土地利用必须与城市交通的发展相协调和统一的原则。高密度的人口需要由具有高运营能力的专用交通线路运送，而高容量的交通网络也需要沿线一定的交通需求支撑，以保证系统运营的效益。基于这个思想，库里蒂巴市的公共交通系统以土地利用、道路系统和公共交通三个要素的关系作为公共交通系统乃至整个综合交通系统发展的基础，而这三个要素之间的相互影响和共同发展促使了结构轴线这一主体思想的产生，也进而促成了这种灵活、有效、低成本的通过发展公共交通解决城市交通拥堵的方案。

库里蒂巴城市规划的编制，充分考虑了土地使用密度与已有城市结构相匹配的原则。具体而言，库里蒂巴市被划分为若干小区，每一个小区都根据允许的土地使用性质和土地开发密度，确定了特殊的土地使用管理制度。同时，为了使每个小区都具有较好的可达性，城市的道路网络系统也是分层次建立的。

为满足不同的公共交通需求，库里蒂巴市根据不同的土地利用性质，建设多层次的公共交通网络，包括主干线路公交专用道上运行的“快速公交”、临近次干道上运行的“直达车”，以及支线道上运行的普通公共汽车等。在那些土地使用密度高的居住用地和商业用地附近设置公交专用道，并配置双铰接公共汽车，使公共交通系统能够满足所在区域交通需求，具备大容量、快速运送能力。而对于中等或低密度的居住区，为了提高运营效益和公共交通服务质量，使乘客能够方便地到达其他居住区或者交通节点，规划了运送能力相对较低而灵活性更高的普通公共交通线路和车辆。

（四）其他政策措施

1. 公共交通优先的财政扶持政策

库里蒂巴市的公共交通资金分为固定资产支出和经营性支出，政府负责固定资产支出，主要用于公共交通基础设施建设。经营性支出通过票价收入平衡，并适当补偿。票款管理与运营相分离的体制以及适度的市场竞争，使公共交通经营基本上做到了收支平衡。

2. 发展自行车和步行区

库里蒂巴市大力兴建自行车道，并在市中心设有大面积步行区，这些步行区一般位于市中心商业区，或公共交通总枢纽换乘站附近，非常方便。库里蒂巴市不鼓励发展私人交通，轿车的使用量得到有效控制，污染也随之降低。

3. 优惠乘车政策

库里蒂巴市政府规定，年满 65 岁以上的老人和 5 岁以下的小孩可以免费乘坐公共交通。库里蒂巴市市民如果乘坐公共交通的费用超过其工资收入的 6%，其超过部分由政府补贴。贫民区的贫困人群可以用清扫卫生收集的垃圾换取公共汽车票。

4. 停车管理

库里蒂巴市停车管理措施非常严格，在市区限制停车位设置，停车位数量非常有限，且价格昂贵，高额的停车费限制了居民驾车进入市区。库里蒂巴市政府采用合理的停车管理措施以减少路面停车，在交叉路口设立禁止停车标志，以保证公共汽车在路上以及交叉路口行驶畅通。

5. 雇员交通补贴

巴西政府提出的雇主必须为其员工提供交通补贴的政策也促进了居民乘坐公共交通出行。巴西法律规定，交通费用不得超过其公民个人收入的20%，被雇佣者所应支付的公共交通费用不得超过其收入的6%。超过6%而低于20%的部分由雇主承担。因此雇员向雇主领取交通补贴（主要针对低收入人群）已成为一种常见现象。较高收入人士用于交通的花销一般低于其收入的6%，很少向雇主领取交通补贴。在库里蒂巴市雇主主要是以向雇员发放公共交通券的形式发放交通补贴，雇员在每月领取工资时也会同时领取到公共交通券。

第十五章　澳大利亚悉尼

悉尼市虽以私人轿车为主要交通工具,但政府十分重视发展公共交通。近年来,悉尼市十分重视发挥政府在公共交通发展中的主导作用,由国有公司负责轨道系统以及中心区的公共汽车运营,在郊区及外围地区,部分线路由私营公司负责运营。

一、城市背景

悉尼是新南威尔士州的首府,也是澳大利亚人口最稠密的城市。大悉尼地区包括悉尼市和附近的44个小城市。截至2006年年底,都会区人口有428万,土地面积12144.6平方公里,人口密度345.7人/平方公里。悉尼都会区没有总体负责市政管理的行政机构,其事务由都会区内各地方政府管理。

二、公共交通发展沿革

悉尼公共交通在过去的20年间发生了巨大的变化,在坚持政府控制和商业化运作的原则下,越来越多地采用外包形式与私营部门合作公共交通运营。20世纪90年代,悉尼对铁路系统进行了改革,曾将路面铁路与地下铁路分开运营,但不是很成功,之后又开始转向垂直一体化的运作模式。

悉尼公共交通主要发展历程如下:

1.1988~1995年的改革

20世纪80年代末期,悉尼的公共交通系统被认为效率低下,成本较高。所有的交通方式(包括铁路、公共汽车及轮渡)由一个部门统一负责管理和运营,不同的交通方式分属其下属的分支机构。当时的城市交通局直接向交通部负责。1988年开始进行改革,将原来集中的交通运营部门分解,铁路局负责运营通勤铁路系统，交通局负责运营公共汽车及轮渡系统，这些机构仍归交通部管理。改革初期，在减少公司职员、降低成本方面比较明显，但是政府没有相应建立对这些公营部门的规范性制度，缺乏对低绩效者的制裁措施。

2. 1995～2000 年的改革

1995 年，新州政府借鉴当时英国的模式对铁路系统进行改革，将地面铁路及地下铁路分开运营，并且还建立了专门机构对进入铁路网络经营的第三方进行管理。铁路局一分为四，即铁路客运经营者、铁路货运经营者、铁路网络所有者、工程服务公司，都按照独立的公司采用商业化原则经营。但是对铁路经营感兴趣的第三方并不多，而且铁路功能的分散使得日常的运作变得更为复杂，除了铁路货运公司外，其他公司经营得都不是很理想。特别是在发生过若干次事故之后，政府重新采用了垂直一体化模式。

3. 始于 2000 年的改革

20 世纪 90 年代，政府开始关注公共汽车系统的运营绩效，并着手对服务合同进行改革，如果服务不能达到合同中规定的效果，政府有权引入其他经营者。在这次改革中，政府作为行业监管者的角色得以强化，同时在促进客流主通道网络化方面更加重视。另外的一个重要变化是政府对公共汽车行业给予了更多资金支持，在行业管理者与运营商之间的协议中，运营商收益根据固定成本（燃油费及工资等）和乘客数量情况来核算。

三、公共交通现状

悉尼的公共交通主要由城郊铁路、公共汽车、轮渡和轻轨构成。悉尼没有真正意义上的地铁，取而代之的是火车，而且是双层的火车，这和世界上其他大都市存在明显差别。据统计，在工作日的出行方式中轿车占 70%、公共交通占 11%、步行或自行车占 19%；非工作日轿车使用比例增至近 80%，公共交通方式降至 4% 左右。但是，工作日到悉尼中心商务区的通勤出行中，公共交通占了 72% 左右。

城郊铁路分8条主线、3条支线，位于悉尼地区的营运里程为329公里（其中地下段为33公里），另外在外围的南海岸、南高地、中央海岸、蓝山地区提供城际和区域火车服务。目前，悉尼地区城郊列车每日客流量平均为107万人次，外围区每天客流量在30万人次左右。随着汽油涨价，越来越多的人出行选择了城郊列车，客流也日趋上升。悉尼的公共汽车线路约有510条，连接着城市的各个区，在中心车站还与铁路相连。轻轨是利用废弃铁轨改建的，长约4公里，是一条民营线路。悉尼市轨道交通网络布局如图15-1所示。

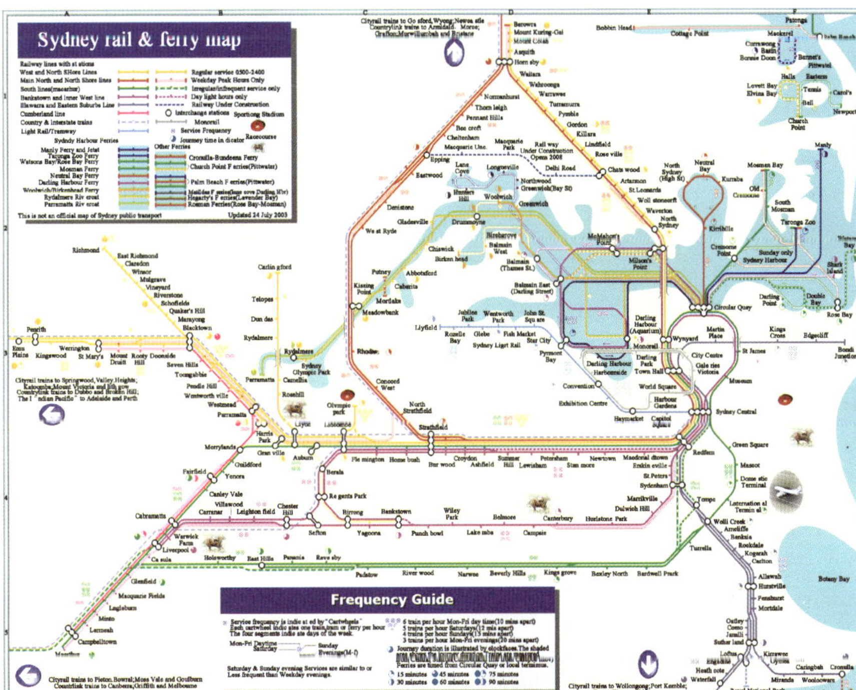

图15-1　悉尼市轨道交通网络布局图

四、公共交通管理机构与运营机制

（一）管理机构

悉尼大多数的项目决策是由州政府指导的，其中包括公共交通、交通管制以及重大的基础建设项目。新南威尔士州州级交通管理部门主要有州交通部和州道路交通管理局等。其中，州交通部于2003年建立，负责协助制订宏观交通政策及项目决策，对铁路、公共交通等服务进行财政和管理上的协调。州道路交通管理局负责道路安全、车辆、驾驶证管理，以及负责一些国家级或州级重要公路的管理与维护。

（二）运营机制

政府在公共交通发展中占有主导地位。主要由国有公司负责铁路系统和中心区的公交系统的运营。州交通局提供的是中心区域以及悉尼港的公共交通服务；州铁路局提供城郊铁路服务。在郊区及外围地区，部分线路由私营公司负责运营。

1. 城郊铁路

城郊铁路具体由新南威尔士州国营铁路公司运营，其轨道与国铁共用。位于悉尼地区的运营线，周一到周五一般凌晨4:30至次日0:30开行，周六末班车延至次日凌晨3:00；周日及公共假日的首班车都在早上6:00后，班次也较少。一般较大车站都设有自动闸机验票，但仍有半数以上的小站没有自动检票设备。

2. 公共汽车

公共汽车线路由国营的悉尼巴士公司和民营的科尼克斯等6家公司经营。国营的悉尼巴士公司运营线路有330条，运行车辆有5030多辆，其中大部分车辆有空调，部分为清洁能源车；民营公司运营线路有180条。悉尼巴士公司主要运营内城区和东部市区路线，这些区域客流较多，保持总体盈利；外城区和部分跨区域公交线路则由几家民营公司运行。各车站都有乘车线路信息和行车时刻表；公共汽车采用驾驶员售票和电子售票机相结合的售票方式。

五、公共交通管理政策与措施

（一）总体政策导向

在过去的50年中，悉尼与其他多数发达国家的城市一样，交通的增长主要体现在私人轿车的快速发展。但是,近些年政府逐渐意识到,城市规模并不能无休止地扩张,私人轿车的过度发展不一定带来机动性的提高。因此,悉尼市政府越来越多地提倡发展公共交通系统,鼓励人们使用公共交通出行。

(二)票价政策

1. 城市铁路

城市铁路采用人工和自动两种售票系统,采取了灵活多样的票价政策,按照距离中心区的远近,分六档票价,单程票 1.3 澳元至 6 澳元不等。周一至周五早 9:00 以后购买当日往返票享受七折优惠,周六、日及公共假日往返票则全天七折优惠。16 岁以下儿童、澳大利亚本地户籍的在校学生以及持有残疾证、军人证者购买车票享受五折优惠。车站还发售周、月、季度和年份预售票,在往返票七折优惠的基础上再优惠两成。外围区车站大多没有检票设备,票价也相对便宜,从纽卡斯尔到悉尼中央车站单程 162 公里,票价 13.8 澳元,行程 3 小时;蓝山里斯哥镇到中央车站单程 145 公里,票价 15 澳元,行程 3 小时 15 分。车次平时约 0.5 小时一班,节假日 1 ~2 小时一班,车内有空调。运行时间、折扣票价计算方式与悉尼地区城郊铁路类同。

2. 公共汽车

国营的悉尼巴士公司单程票价按照距离远近分五档,自 1.8 澳元到 5.8 澳元不等,有当地户籍的学生、儿童和残疾人可享受半价。全市各书报亭和一些便利店有半价预售票和电子预售票出售,票价八五折优惠。民营巴士公司没有折扣和预售票,班次也较少。

3. 通用票优惠

城郊铁路、国营公共汽车都有通用票优惠措施,比如购买每日 17 澳元的公共交通通票,当日可无限次乘坐公共汽车;持有州有关部门颁发的退休证者,每日花费 2.5 澳元即可购买公共交通通票。

(三)路权优先措施

快速公交系统以及公交专用道是悉尼公共交通规划的重要组成部分。2002 ~ 2006 年,悉尼相继建成了 3 条大容量半封闭公交专用道,用于服务西北、西南新开发居住区。

第十六章　南非开普敦

开普敦公共交通系统虽然不够发达,公共交通管理体制也在变革当中,但开普敦政府充分意识到公共交通的重要性,积极采取措施,大力推进快速公共交通系统(BRT)建设,规范公共交通的经营管理,努力提高公共交通的服务水平。

一、城市背景

开普敦是南非的首都,是南非第二大城市,也是南非金融和工商业中心。市域面积2499平方公里。截至2007年人口达349.71万、人口密度为1425人/平方公里,相对南非其他城市来讲,其面积较大,而人口密度较小。

二、公共交通发展沿革

开普敦公共交通发展历程中,较为重要的事件有:

1956年,开普敦启动了第一次较大规模的交通研究。

1975~1979年,开普敦政府开始一项新的交通研究,奠定了"开普敦大都市区1980~1985年交通计划"的基础。此后该计划不断修正完善,一直实施到1991年。

1995年,开普敦启动了第二轮交通发展计划,该计划至1998年编制结束。

1996年,南非政府发布了国家交通白皮书。

1997年,开普敦省政府发布了交通白皮书。

2000年,通过了国土交通法案,之后还公布了公共交通发展计划、公共交通一体化发展规划等。

2004年,南非获得2010年世界杯足球赛的举办权,为满足世界杯举办期间的交通需求,开普敦市决定投资建设以快速公共交通系统(BRT)为主体的一体化公共交通系统(网络布局及场站如图16-1和图16-2所示)。

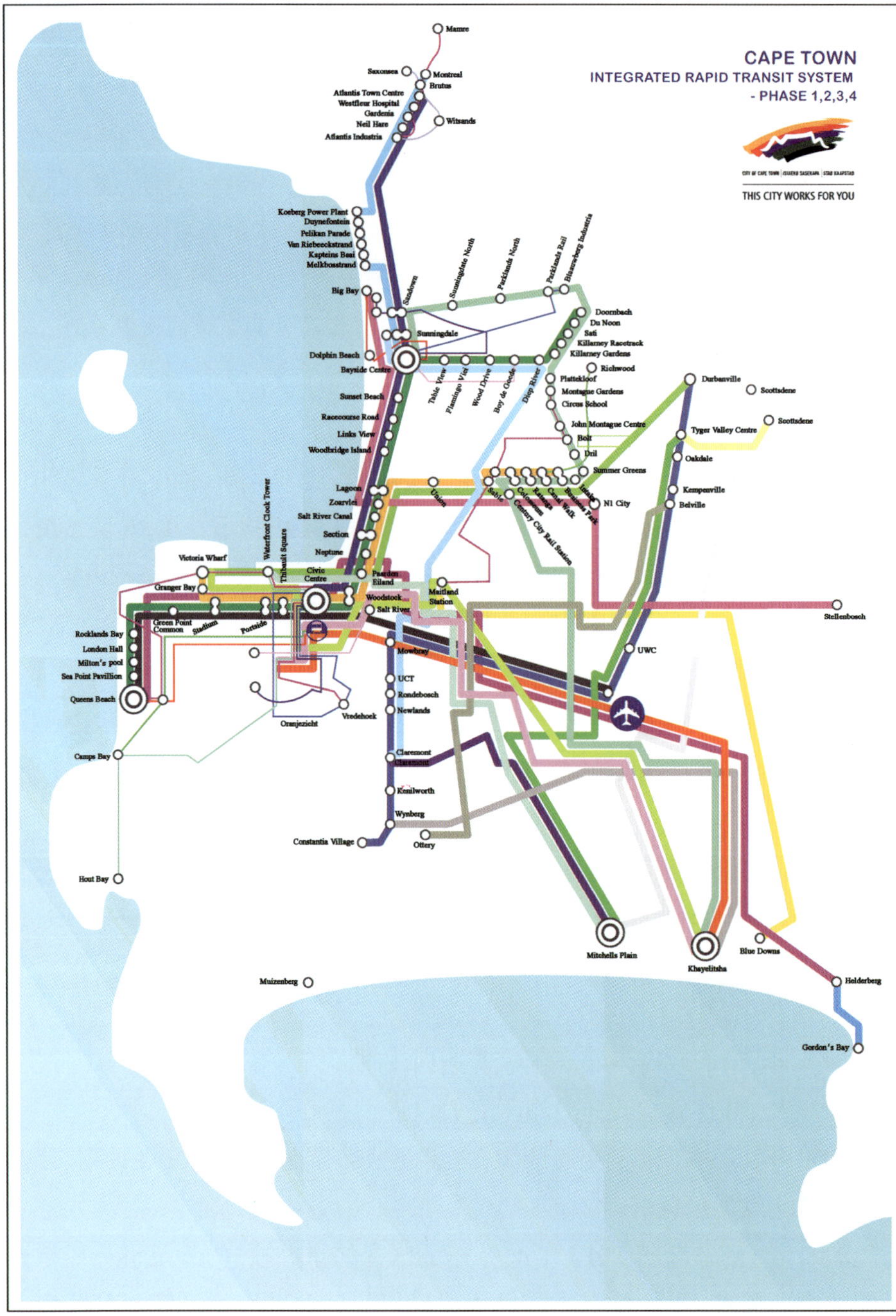

图 16-1　开普敦市公共交通网络布局图

图 16-2 开普敦市建设中的快速公共交通系统场站

三、公共交通现状

公共交通是开普敦比较重要的出行方式。公共交通系统包括铁路、公共汽车等。不同的交通方式独立运作,相互之间衔接不畅,而且地方政府的控制力较弱,在开普敦还没有可以对公共交通系统进行统一规划、统一管理的专门机构。另外,各种交通方式的票价结构、票价水平不尽相同,彼此之间难以做到较方便的换乘,要实现公共交通一体化运作困难较多。

开普敦铁路长度约 581 公里、119 个车站;公共汽车线路近 1500 条。据 2004 年的一项调查,铁路日均客流量 60 万人次,占到了公共交通量的 53%,其中通勤铁路是开普敦公共交通系统的骨干,占主导地位。上下班高峰时段的交通方式中,私人交通占 46%,公共交通占 42%,非机动交通方式占 12%。

四、公共交通管理机构与运营机制

(一)管理机构

开普敦的公共交通管理体制比较分散,开普敦市尚未设立一个统一的交通管理机构。目前由大都会区交通规划咨询委员会负责交通政策的协调,委员会成员由中央及开普敦相关政府部门、部分国有及私营企业、社会团体、研究机构等代表组成。针对管理体制分散的情况,开普敦准备通过修改国土交通法案予以解决。市政府计划尽快组建市交通局,以统一管理和协调市内铁路、公共汽车等。

（二）运营机制

1. 铁路客运

铁路由中央政府补贴，主要提供长距离的运输服务。南非铁路通勤公司负责铁路运输的管理，该公司是一家国有企业，直接隶属于交通部，负责铁路票价的制定及时刻表的编制等。Metrorail 铁路客运公司负责铁路运输的具体运营，南非铁路通勤公司与 Metrorail 之间签有运营协议及相关合同。

2. 公共汽车

公共汽车由国家补贴、私人营运。服务由一家私有企业提供，即金箭公共汽车服务公司负责开普敦大都会区内的公共汽车运营，目前日均客运量为 19 万人次左右。

五、公共交通管理政策与措施

开普敦为进一步落实“一体化发展规划”，制定了专门的公共交通发展计划。目的是推动公共交通优先发展，提升现有公共交通服务水平。该计划实施期限为 2006 年 7 月至 2011 年 6 月 30 日。其中一个项目提出引入快速公共交通系统，确定了五个基本原则：①质量原则，提供一种能与轿车相竞争的公共交通服务；②公平原则，确保社会各阶层能享受到平等的高质量公共交通服务，特别要考虑到低收入群体、妇女、儿童、老人以及残疾人等；③安全原则，要使每位乘客感到安全；④可持续原则，实现经济、环境以及社会公平方面的可持续性；⑤一体化原则，以一种开放的、透明的和多方参与的方式，兼顾所有相关利益主体，实现一体化目标。相关政策主要有：①给予公共交通更多的优先权；②实行交通需求管理，以促使私人交通转向公共交通；③大力发展公共交通客运走廊；④支持对铁路运输的投资，将铁路作为一体化交通运输方式中的重要组成部分，提高铁路服务水平，覆盖城市主要的交通走廊。

下篇

世界主要城市公共交通发展经验

Shijie Zhuyao Chengshi Gonggong Jiaotong Fazhan Jingyan

概　述

城市交通问题是世界各国面临的共同难题，我国也不例外。随着我国城镇化和机动化进程的快速推进，城市交通拥堵、环境污染和能源消耗等问题日益凸显，已经引起各级政府及相关部门的高度重视。从上篇汇编的世界16个城市的公共交通发展经验可以看出，推进城市交通畅通高效，实现城市交通可持续发展，必须要加快发展城市公共交通，切实发挥好城市公共交通的主体作用。

近些年来，我国加快了城市公共交通发展的步伐，城市公共交通取得了长足发展。截至2008年年底，全国共有公共汽电车36.5万辆，运营线路总长度达到14.6万公里；轨道交通车辆4530辆，通车总里程855公里。城市公共交通年运送乘客约614亿人次，相当于城市居民每人每年出行100次。全国36个中心城市公共交通出行分担率占20%左右。城市公共交通在服务人民群众出行、缓解交通拥堵、改善人居环境、促进城市可持续发展等方面正在发挥积极的作用。但是，总体上讲，我国城市公共交通发展相对滞后的局面仍未得到根本改变。公共交通占居民出行总量的比例仅为10%～30%，远远低于发达国家城市的平均水平，城市公共交通的可达性和安全水平不高，服务能力不足，服务质量有待提升，各种交通方式衔接不畅，城市交通拥堵严重，与居民日益增长的出行需求仍存在较大差距。

当前，我国正处于工业化、城镇化的高速发展时期，从国际经验看，这一时期正是交通运输网络加速发展和交通系统结构迅速转型的关键时期。2008年我国城镇化率已达到45.7%，城镇人口6.07亿，建制城市655座，100万人口以上的城市190座，其中300万人口以上的城市21座。近年来每年有1000多万人口从农村转移到城镇生活。与发达国家不同的是，我国的城镇化正好伴随着机动化，遇到的挑战更为严峻。截至2008年年底，我国机动车保有量达1.7亿辆，同比增长6.3%，其中载客汽车3850万辆，同比增长21%。目前我国已成为世界第一大汽车生产国和消费国。在此背景下，我国城市的交通需求将日益旺盛，城乡、区域交通联系日益紧密，安全可靠、经济高效、便捷舒适乃至个性化的出行需求不断增强，交通发展的任务十分繁重。如何在能源、环境、土地等诸多制约条件下实现城市交通系统的可持续发展，是摆在我国政府面前的一项艰巨任务。

学习和借鉴世界城市公共交通发展的先进经验，是确保我国城市公共交通少走弯路、实现跨越式发展的重要途径。在上篇汇编分析世界上16个主要城市公共交通发展及管理方面基本经验和典型案例的基础上，本书下篇围绕城市公共交通发展的关键问题，从法律法规、管理体制、规划建设、财税政策、基础设施、管理制度、节能减排、信息化建设、公众参与及需求管理等重点环节出发，系统地归纳和总结了国际城市公共交通发展的经验及对我国城市公共交通发展的启示，以方便政府部门、公共交通企业及社会各界查阅使用。

综观国际城市公共交通发展历程，结合新的形势和发展方向，国际城市公共交通发展与管理方面的成功经验突出表现在以下方面：

一是将构建以公共交通为导向的发展模式作为城市交通发展的核心理念。近年来，发达国家的许多城市越来越重视城市公共交通的发展，确定了以城市公共交通为主导的发展模式。通过制订城市公共交通优先发展战略，充分发挥规划的先导作用，加强城市公共交通与土地利用的协调发展，建立以公共交通为主体的城市交通体系，构筑一体化的城市综合交通服务网络，保障城市交通可持续发展。为充分发挥各种交通方式的优势，发达国家的许多大城市通过一体化规划和综合开发建设，积极构建以轨道交通、快速公共交通系统(BRT)等大容量交通方式为骨干，以公共汽电车为主体的立体交通网络，加快综合交通枢纽建设力度，实现城市交通与城际交通的便捷换乘，为公众提供快捷、安全、方便、舒适的公共交通服务，大大提高了城市公共交通系统的吸引力和竞争力，降低了私人小汽车的出行需求和使用频率，提高了城市交通的运行效率。

二是建立综合的管理体制和健全的法规体系，为城市公共交通健康发展提供基础保障。发达国家城市普遍建立了综合的城市交通管理体制，对城市公共交通实行一体化的综合管理，通过充分整合城市交通管理资源，完善协调机制，实现城市交通管理综合化、规划决策科学化、职责分工明确化、管理职能法制化和执法监督高效化，提高了城市交通的管理效率和服务质量。同时，市场配置资源的基础性作用得到充分发挥，政府行政行为相对规范和高效。实现城市公共交通运营管理的法制化也是国际城市的共同经验，发达国家普遍建立了完善的交通管理法律、法规体系。通过立法，明确了各级政府、企业及有关机构在提供公共交通服务方面的责任和义务，以及城市公共交通发展资金的来源和投入结构。立法同时保障了公共交通发展在规划建设、税费扶持、路权和信号优先、运营管理等方面的重大政策能落实到位，有力地促进了城市公共交通发展的制度化和规范化。

三是注重发挥政府在城市公共交通发展中的主导作用。许多国家和地区的政府认识到，城市公共交通是政府必须向社会提供的一项基本公共服务。科学界定政府在公共交通发展中的职责，是城市公共交通发展的重要保障。发达国家已经明确了政府在法规建设、规划引导、资金保障、服务监督、票制票价等方面的主导责任，逐步建立了规范的城市公共交通服务购买制度。许多国际城市通过建立完善的公共交通特许经营制度，科学选择服务主体，合理配置公共交通线路资源，明确政府与企业的权利和义务关系；通过建立城市公共交通成本费用和政策性亏损的审计评价制度，对公共交通企业的补贴范围和补贴额度进行科学核算，为政府补贴补偿企业提供了科学依据；通过建立公共交通补贴补偿制度和科学的公共交通票价形成机制，为公共交通发展提供了稳定的资金来源；通过建立完善的公共交通服务质量考评体系，确保城市公共交通服务质量不断提升。

四是采取综合的政策措施，不断提高城市公共交通服务质量。许多国际城市通过加快基础设施建设，实行路权和信号优先策略，加快车辆装备改造，加大信息技术应用等措施，不断提高公共交通服务质量，以增强公共交通系统的吸引力，让更多的人享受高质量、人性化的公共交通服务；通过优化城市公共交通线网结构，不断提高公共交通的通达深度和覆盖面；通过建设功能完备的公共交通综合换乘枢纽，方便群众换乘；通过提高公共交通车辆技术装备水平，加快车辆改造升级，推广应用节能环保、智能化、人性化的车辆装备，改善车辆的安全性和乘车环境；通过完善城市公共交通无障碍设施，满足老年人、残疾人等特殊群体的公共交通出行需求。

五是积极实施交通需求管理、交通影响评价等管理制度，为城市交通可持续发展提供重要支撑。许多国际城市在优先发展城市公共交通的同时，十分注重通过有效的交通需求管理措施，合理调节公众的出行行为，引导私人小汽车的合理使用。一些国际城市实施的交通需求管理措施，包括控制交通拥堵区域内小汽车停车位的供应数量，提高城市中心区域小汽车停车费和使用费，征收小汽车车位费、牌照费和道路使用费等，以此抑制私人小汽车的购买和使用。同时，通过增设公交专用道、实行公共交通信号优先策略、鼓励停车换乘、建设自行车专用道路系统、改善步行环境等手段，吸引公众使用公共交通和非机动交通方式。许多国际城市通过实施交通影响评价制度，对城市大型开发建设项目对周边道路交通系统运行的影响进行客观分析与评价，提前研究和规划与开发项目配套的道路交通改善措施，避免了由于盲目开发建设产生的交通压力，有力地促进了城市交通的良性发展。

第十七章　城市公共交通立法

为促进城市公共交通优先发展，国际上许多国家和地区十分重视相关法律法规体系建设。世界主要城市公共交通立法的经验主要体现在以下方面：高度重视城市公共交通立法工作，建立完善的城市公共交通法律体系，明确政府在公共交通发展中的责任，规范公共交通企业的经营行为，保障乘客的合法权益等。

一、高度重视城市公共交通立法工作

城市公共交通涉及公众的基本出行权利，因此国际上主要国家和地区普遍高度重视立法，并将其作为管理城市公共交通的主要依据，通常在城市公共交通刚刚起步时就将其纳入了法制化轨道。

美国联邦政府 1964 年通过了《城市公共交通法》，目的就是使用专项拨款维护已有的公共交通系统；1970 年通过《城市公共交通扶持法》，明确规定公共交通享有道路专用权或优先权；1991 年通过《综合地面交通效率法》，目的是限制小汽车使用和鼓励公共交通出行；1998 年通过《21 世纪交通平衡法》，提出到 2003 年为公共交通提供 360 亿美元的公共交通专项基金。法国 1949 年颁发法令公布“城市交通服务区”，目的是为制订城市交通规划服务，早期的城市交通服务区是按行政区划划定的，但提出城市交通服务区的目的是为打破行政区划作准备，1973 年的法令不再受行政区划的束缚，1982 年的《国家内部交通组织方针法》中的“城市交通服务区”基本上打破了行政区划。

国际上主要国家和地区城市通过公共交通立法提出了许多创新的发展理念，例如注重城市公共交通的可持续发展，强调发展城市公共交通是为了维护国家利益；把安全和服务质量作为行政许可的主要条件和考核的主要标准；通过清洁燃料计划将城市公共交通和环境保护紧密结合起来；规定大量的磋商和协调机制等。

英国城市公共交通的现行立法主要是2002年的交通法规，其主要特点是重视公共交通战略和公共交通服务质量。英国明确规定了制订公共交通发展战略是城市公共交通管理部门的法定义务，是当地政府交通规划的重要组成部分，公共交通发展战略必须经过反复论证和广泛宣传，明确规定制订公共交通服务质量合作计划是城市公共交通管理部门的法定义务。美国城市公共交通的立法特别强调清洁燃料计划政策符合国家利益，明确鼓励安全、高效的水陆运输系统的管理、运营和发展，该运输系统满足客流和货物的运输需求，能有效促进国家和城市经济的增长和发展，同时可在城市和国家交通规划过程中将交通能耗和空气污染的负面效应降到最小。

二、建立完善的城市公共交通法律体系

虽然世界发达国家或地区城市公共交通的立法体例各不相同，但总体看，公共交通发展较好的城市，大都建立了相对完善的法律体系，将市场准入、运营监管、资金投入等重大问题纳入法制化轨道。

德国于1971年颁布了《客运交通经济法》，之后在该法的基础上颁布了《公共客运法》、《公共市郊客运法》等法律。以上法律基本涵盖了城市公共交通的相关内容。美国城市公共交通相关法律内容主要体现在《城市公共交通法》、《城市公共交通扶持法》、《综合地面交通效率法》、《21世纪交通平衡法》、《住房法案》、《交通部法案》、《联邦公共运输法》、《安全、负责、柔性、高效的运输权益法案》等法案中。我国香港特别行政区主要由《道路交通条例》、《公共交通监管条例》和《公共巴士服务条例》等法律法规来对城市公共交通进行规范和约束。

三、明确政府在公共交通发展中的责任

国际上许多国家或地区的城市公共交通立法把发展城市公共交通摆在非常重要的位置，并在此基础上规定了政府的责任，其中主要是政府的主导责任，一般包括发展定位、财政政策、城市规划、用地保障、设施建设、交通管理等方面。

德国法律明确规定城市公共交通是公益性事业，规定了政府的补贴义务，“当公共交通企业由于执行政府指令性任务，而该任务又不允许企业通过票价收入来弥补费用支出时，企业应得到经济补偿”。

美国法律明确政府应鼓励安全、高效的陆水运输系统的管理、运营和发展，该系统用于满足客流和货物的运输需求，促进国家和城市的经济增长和发展，同时在城市和国家交通规划过程中将交通能耗和空气污染的负面效应最小化。

法国交通法规定：“公共交通企业执行规定的票价和服务标准，政府应给予合理的财政补贴，以维持公共交通运营活动经费收支的平衡”。

新加坡法律规定政府主管部门必须执行严格的许可条件，包括公共服务的范围、时间和总体服务水平；公共交通车辆中转的维护、运营及设备要求；个人从事公共交通车辆运营的安全和治安标准；公共交通服务持证人支付的最大费用；持证人的雇员、代理人、租用人和承包商的现状；持证人在从事公共交通运营时应确保的绩效标准。主管部门可以行使授予许可证时的酌情权：可以考虑申请人的财务状况以及申请人提供充足、满意、安全和高效的公共交通车辆中转服务的能力。此外主管部门可以修改许可条件，但必须在修改前通知持证人，允许持证人就修改提出书面陈述、上诉。主管部门可要求持证人在特定期限内支付不超过一定数额的保证金。

四、规范公共交通运营企业的经营行为

公共交通运营企业是城市公共交通的经营实体，国际上许多国家和地区公共交通法律的重点内容之一是规范企业的经营行为。

我国香港特别行政区《公共巴士服务条例》非常清晰地界定公共巴士服务专营权的范围不包括游览服务、国际乘客服务、酒店服务、学生服务、雇员服务、住客服务，也规定了公共巴士服务与其他服务重合时的处理办法。

欧美国家一般在许可的合同中约束企业的经营行为，并立法要求公共交通运营企业应以增进公共福利为基本要求，提供安全、快速、舒适、便利的公共交通服务。公共交通运营企业的服务指标应报请主管部门核定，运营

企业的票价确定方法、公共交通设施修护、乘客遗失物品的公告招领等事项均有明确法律规定。此外，欧美国家立法规定公共交通运营企业因行车及其他事故导致乘客受伤、死亡，或乘客财物受损时，公共交通企业应承担赔偿责任。公共交通运营企业应依据法律要求购买相关保险，保障乘客合法权益。

五、保障乘客的合法权益

许多公共交通较为发达的国家和地区在城市公共交通立法中将保障乘客权利作为重要内容加以规定，其中特别强调保障乘客的合法权益。

法国 1982 年的《国家内部交通组织方针法》中明确提出“人人都有交通参与权”。美国法律强调公众参与城市交通规划的权利，规定无论是长期的全国城市交通规划还是改善计划，都要保证公众参与。通常在制订相关交通规划的过程中，州政府必须为民众、受影响的企业、公共交通企业员工代表、物流企业及公共交通使用者代表、人行道和自行车道使用者代表、残疾人代表以及其他相关代表提供平等参与评价城市交通及公共交通规划的机会，必须在合适的时间和地点举行会议，并由相关专家讲解规划，保障乘客等公共交通参与者的合法权利。

国际上许多国家的城市公共交通立法还特别重视保障交通弱势群体的权益，例如德国规定，伤残军人等可免费乘坐城市公共交通工具。法国规定，必须建设方便残疾人使用的公共交通无障碍设施，城市公共交通要充分考虑低收入群体利益，保障低收入群体能够承受公共交通票价。美国规定，老年人、残疾人与其他人员享有使用公共交通服务和设施的同等权利，各州、地方政府和有关部门要提供财政援助，为老年人、残疾人及低收入人群等提供便利的公共交通出行服务。

第十八章　城市公共交通管理体制

科学高效的管理体制是实现城市交通持续、健康发展的基础保障，对于提高城市交通管理和运营效率、促进综合运输体系建设具有重要作用。世界主要城市在城市交通管理体制改革方面的经验主要体现在以下方面：建立综合的交通运输管理体制，科学界定政府职能，合理划分国家和地方的事权，压缩精简管理层级和管理队伍规模，建立完善的监督机制。

一、建立综合的交通运输管理体制

国外发达国家十分注重将城市交通运输系统作为一个整体来进行统一的规划和管理，通过功能整合和专业统筹将职能相近、业务范围趋同的事项进行集中管理，建立了对各种运输方式实行统一管理的综合交通管理体制。通过管理机构和职能的“集中化、专业化、扁平化”，一方面有利于政府关系的理顺、政府资源的有效利用和管理政策的统一，另一方面促进了政府机构更加精简，政府职能不断转变。

伦敦交通局是全面负责城市交通运输管理、执行城市交通政策的市政部门，负责管理伦敦所有的交通事务，包括公共汽电车、轨道交通、轮渡、出租车、步行、自行车、交通控制系统、渡口及部分高速公路的管理等，此外，还负责管理公众运输办事处（主要负责出租车和私家车驾照管理）、拥挤收费管理处等组织。新加坡陆路交通管理局作为交通部下属的法定机构，全权负责综合管理所有陆路交通事务，业务范围涵盖私人交通、公共汽电车、轨道交通、步行、公路等领域。西班牙马德里大区交通局是由西班牙中央部门公共事业部、自治区政府、城市（或镇）政府三级机构的代表和民间（企业和组织）代表组成的交通管理机构，负责对马德里地区的交通（包括铁路、高速公路、地铁、国营和私营公交等）进行统一规划、协调和运营管理，促进交通资源的综合利用和交通系统的统筹协调发展。

二、科学界定政府职能

国际城市通过加强立法，对政府在城市交通发展中的职责权限进行了明确界定，并对政府机构之间的关系加以明确和规范。通过构建决策与执行相分离的纵向机构格局，突出强调政府在宏观决策、公共服务、战略规划、市场监管、综合协调等方面的职能，而将运营管理、建设维护等具体职能交由中介机构执行或由市场自行调节，以保证政府行政管理的公平和效率。

香港特别行政区运输及房屋局作为交通管理的政府组成部门，主要负责制定、管理和统筹香港航空、陆路及水上交通和物流发展的总体政策。运输及房屋局下辖的运输署和路政署负责协助执行交通管理的职能，民航处和海事处重点负责航空和海运交通。运输署主要的宏观管理职能是对公共交通服务水平和价格进行监管，对运输资源进行统筹规划和分配。通过对巴士运营线路、轮渡航线实施经营专利权许可，对公共小巴、出租车牌照进行管理，有效控制了各类交通方式的发展总量。同时，运输署严格审批巴士公司的调价方案，控制出租车的运营价格，确保各类交通方式收费合理，保障市民的根本利益。

三、合理划分国家和地方的事权

发达国家普遍对国家和地方政府在交通管理中的职责和事权进行了明确划分和合理界定，以充分发挥各级政府的积极性。国家交通运输管理部门的职责重点是交通运输立法、数据统计以及规划、标准与政策的制定等，并负责管理全国的交通税收和向地方政府支付补助资金等。美国运输部与联邦运输部间除业务上的指导关系外，主要体现为一种以资助资金为纽带的合同性关系。这种合同关系既保证了联邦的统一管理，又能较好地保证地方自治权力的实现。各州可根据自己的需要来设置管理机构，形成以地方分权为基本导向的权力结构，而非简单效仿联邦的组织结构，较好地协调了联邦和地方的关系。德国通过采取“委托合同”的方式将许多具体交通管理职责交由各个州政府来负责，对于道路交通管制、驾照管理、车辆检测等事务，联邦交通建设与城市规划部一般只负责政策和标准的制定以及执行监督等,具体的行政管理、机构设置等,由地方政府自己决定。

四、压缩精简管理层级和管理队伍规模

发达国家十分重视政府管理队伍的建设,不断压缩纵向管理层级,拓宽横向管理幅度,促进管理机构的"扁平化",精简行政管理队伍规模,努力提高行政效率。

美国的交通运输管理体制在纵向上分为联邦、州和城市三个层级,其中以联邦和州的管理为主,地方往往并没有专设的交通管理机构。德国自联邦州以下的交通管理一般分为三级,即州交通主管部门、城市交通管理部门和县级交通主管部门等,其相应的职能、职责由州的相应法规予以确定。纵向管理层级的压缩,保证了机构的精练和管理的高效。

五、建立完善的监督机制

许多国际城市对城市交通的运营和管理均建立了完善的监督机制。通过成立由行业专家、市民代表、议员或经推选的特定代表等组成的,相对独立的监督管理理事会或委员会等机构,对城市交通的决策执行、运营服务、资金使用等事项进行监督,促进了政府投入的高效化和城市交通服务质量的不断提升。

新加坡于1987年建立了公共交通委员会(PTC),作为一个独立的机构,其主要职责是批准新的巴士线路,规范巴士服务标准,监督巴士公司的运营服务,核准巴士和轨道交通的票价等。公共交通委员会的成员共有15个,由运输部长任命,分别来自社会各个阶层,广泛代表公众意见。邀请公众通过网络、民意调查等途径来反馈意见,对各巴士公司的服务质量进行监督考核。公共交通委员会的定期审核工作确保了巴士运营商能遵守规定的服务标准,公共交通委员会有权对不符合服务标准的公司进行处罚。

第十九章　城市公共交通发展规划

城市公共交通规划是城市公共交通优先发展的重要前提。如何发挥规划的龙头作用,实现城市交通与土地利用的协调发展,从根本上降低交通需求压力,已成为各国在城市交通发展中关注的重点。世界主要城市公共交通规划的先进经验主要体现在以下方面:科学编制城市公共交通规划,积极推进以公共交通为导向的城市发展模式,注重公共交通与土地利用的协调发展,实施跨行政区域的城市公共交通规划,注重与其他运输方式的协调发展,加强各专项规划间的协调与整合等。

一、科学编制城市公共交通规划

多数发达国家在经历了多次规划机制调整之后,均制订了科学完善的城市交通规划,并形成了对公共交通规划编制、实施等过程全面的政策管理和协调机制,有效地保障了公共交通规划的落实,保障了各种交通方式的一体化发展。

新加坡为了确保公共交通规划的有效实施,建立了科学完善的交通规划制度和管理机制。早在1965年制订概念性规划时,新加坡政府就将为公众提供方便快捷的交通服务放在首位,规划非常超前,为公共交通预留了充分的发展余地。新加坡的55个分区都制订了开发指导规划,该规划以土地使用和交通规划为核心,根据概念规划的原则和目标,制订土地用途、发展密度、交通组织、环境改善、历史保护和开发等方面的开发指导细则和控制指标。在新加坡,政府通过经济和行政等手段,将大量的土地所有权收为国有,实施严格的控制,并严格按照法定的规划程序进行开发,保障了公共交通规划的实施。新加坡目前的规划系统是由规划法令规定的一套法制系统。尽管经过多年发展,规划的地铁线路周边的土地利用性质也很少发生变化,仍然留有大量未开发的空地,以随时满足公共交通的发展需求,在繁华的地段也不例外,有力地保障了公共交通规划的实施。

德国柏林市为多中心的城市结构,生活、学习、购物等区域之间相距不远。为了减少机动车排放并确保高质量的生活,柏林提出了一个全新的"城市交通概念",通过制订目标、战略和具体措施,降低交通流量和改善环境条件。该计划共包含60项措施和策略,最晚于2015年予以实施。主要包括:鼓励使用自行车、降低机动车对道路交通的影响、改进现有基础设施的可持续投资战略以及鼓励交通创新等。

法国巴黎市于1961年成立了巴黎区域专署,并在1965年制订了交通与土地使用战略规划,后在1967年、1969年两次交通调查的基础上加以修订。规划中提出沿塞纳河上游、下游和马尔河三段河流形成三条交通轴线,将环城道路、11条放射形道路与原有的方格状路网相结合,形成具有36000公里规模的路网。1960年由巴黎独立运输公司和法国国营铁路公司共同规划和设计的巴黎地区快速铁路网(RER)贯穿城市中心。与此同时,同步建设换乘枢纽,改善公共交通,编制便捷的公共交通规划成为巴黎城市发展的重要战略方针。

编制公共交通规划,是城市公共交通发展的第一要点,一个科学的公共交通规划,对于引导城市健康发展尤为重要。借鉴国际经验,我国城市公共交通规划管理要实现科学化,需要做好以下几个方面的工作,一是实现规划立法,做到规划有法可依,保证规划方案具有强约束性;二是形成系统的公共交通规划体系,各专项规划要做深做实,相互协调衔接,公共交通规划纲要中要明确发展目标、原则、重点任务和政策措施,三是建立良好的规划方案审批、实施的有效监督机制,确保规划落到实处。

二、积极推进以公共交通为导向的城市发展模式

以公共交通为导向的城市发展模式(Transit-Oriented Development,简称TOD)是一种现代城市发展理念和规划方法,其目的是更有效地使用城市土地和设施,并遏制城市的不断蔓延。TOD的要点是,以公共交通线路为导向进行城市开发,在主要公共交通站点周围建设集居住、就业、商业、生活服务设施为一体的高密度邻里社区,而这些邻里社区的居民可以通过步行或自

行车，到达工作场所、服务场所及公共交通站点，该邻里社区通过公共交通与区域中各城镇相互连接，从而减少人们对私人小汽车的使用和依赖。TOD 产生于美国 20 世纪 90 年代，它主要是针对第二次世界大战后美国城市郊区化而产生的种种弊端所提出的。美国在经历了私人小汽车集聚发展、城市蔓延之后，开始反思并积极推行以公共交通为导向的城市发展模式。目前，美国的许多城市和区域都正在尝试在公共交通站点周围推广 TOD 模式，大量的开发项目已经建成或正在建设，这些项目大大提高了公共交通站点边缘的社区公共交通的使用率，同时降低了汽车使用率。TOD 有一些很成功的应用实例，比如位于沃基尼亚阿灵顿县的儒斯林—保斯顿商业走廊就是一个沿着铁路线对原有商业街进行重新开发的例子。该商业街在郊区化过程中已经走到即将崩溃的边缘，但是通过增建和改造商业设施、写字楼及住宅，进行多功能、高密度的开发，该商业走廊逐渐成为美国最繁华和充满生机的地方之一，目前这里的公共交通使用率非常高，虽然近些年商业走廊区域因快速发展而使人口激增，但是并没有引发道路拥堵。

新加坡所有的居住区、商业区、工业区都临近公共交通站点，人们在步行范围内都可以找到公共交通站点。新加坡整个城市的发展正如 TOD 理念所设想的那样，像一条项链，其诸多高密度、多功能开发的新城，以及商业区、工业园是项链上各式各样的珠子，这些珠子由公共交通系统这条链子联系起来，形成了一个有效运转的公交城。我国正处在高速机动化和城镇化过程中，私人小汽车增长非常迅速，为避免发达国家走过的弯路，推行以公共交通为导向的城市发展模式是未来我国城市发展的必由之路。

三、注重公共交通与土地利用的协调发展

为从根本上解决城市交通问题，国外在城市规划建设过程中十分重视土地利用与公共交通系统的协调发展，不断探索科学合理的城市与交通发展模式，突破传统的土地利用发展思路，倡导公共交通与土地的有机整合。通过在公共交通线路周围建立城市组团，促进集工作、商业、文化、教育、居住等为一体的土地集中开发，实现了城市交通由传统的"被动适应型"向"主动诱导型"转变，有利于提高交通设施周边的土地使用效率，引导城市新区

的有序发展,降低居民的出行成本,有利于多渠道筹集交通建设和运营资金,改善城市生态环境。

新加坡注重对土地、新城及交通进行和谐统一的整合,著名的新加坡城市规划项目于1971年推出了新加坡的第一个概念规划。这一概念规划提出了新加坡城市规划最重要和最基本的原则,即土地利用和交通规划必须始终是一个统一的综合体。新加坡城市规划项目设定了新加坡的整体形式,如中央商业区、新城、工业园以及城市公共交通系统,并提出了在新加坡建立大容量快速公共交通系统的设想。新加坡为促进土地利用与公共交通的整合,采取了城市组团和混合开发的发展模式,该国传统的商业中心在南部,然而城市的布局跳出南部,在西部、北部、东部各发展一个组团(也叫卫星城),每个组团都建设了完善的基础设施,功能齐全,可以充分满足组团居民工作、娱乐、休闲、购物等需要,有效地减少了城市的交通出行总量。

我国香港特别行政区是世界上成功运营地铁的典范,自1980年开通地铁线路以来,地铁系统就一直在盈利,这其中,地铁沿线的土地开发起到了主要作用。在地铁可到达的地方,土地价值尤其是居住和混合类开发项目的价值得到大幅度提升,有力地促进了轨道交通的发展。香港特别行政区在为地铁建设集资时,采取了同步出售周边物业开发权的方式,将地铁站点附近的土地出售给开发商进行开发。受商业利益的驱使,开发商非常注重广场、商场、天桥等公共设施的建设,以吸引居民乘坐地铁,这意味着开发商代替政府进行了城市公共设施的建设。由于土地开发商综合考虑地铁和城市新区开发等城市发展计划,所以地铁沿线的开发具有较好的收益,地铁公司可以获得充足的发展资金,保障了沿线房地产的保值和升值,最终形成了良性循环,使得政府、开发商和城市居民实现"共赢"。

欧盟交通委员会十分重视交通与土地利用之间的有机整合,在其《面向可持续的城市交通政策》中提出:"地方政府必须严格制订城市交通规划,以提高交通的安全性、可持续性和城市综合竞争力,从而提高人民的生活质量。"其主要措施包括:加强规划力度,通过规划增强城市综合功能和开发程度。加强交通规划特别是公共交通规划与城市经济发展政策、环境政策、旅游规划、社会福利、教育等政策的协调,尤其重视土地利用规划在实现城市可持续交通发展中的关键作用。

我国人均可利用土地资源非常有限，因此，必须通过良性的城市、交通规划和土地利用综合开发，实现土地利用与公共交通的良性互动、集约发展，提高土地利用效率，推进城市公共交通发展，有效地解决居住、就业与公共交通的匹配，以及公共资源的合理分配，这将是实现我国城市可持续发展，甚至是经济社会可持续发展的有效途径。

四、实施跨行政区域的城市公共交通规划

为缓解行政区域限制给居民带来的公共交通出行不便等问题，发达国家陆续开展了大都会区、城市圈、城市群和城市带等交通规划，促进了公共交通有效衔接与换乘，提高了城际、区域间公共交通效率。

如美国的城市公共交通规划，大多是由州政府领导下的大都市公共交通委员会吸纳县、市政府及公共交通企业的相关人员共同研究制订的。采取这种形式制订公共交通规划有两个好处：一是由跨城市以州际为单位的部门进行组织，保证了跨界（市、县）的协调性；二是由于公共交通规划由不同阶层的人员参加研究制订，使其更具有可行性和现实性。公共交通规划一经制订，分别由市政府执行，且具有较强的法律约束效力，不允许对其作较大的调整。制订公共交通规划的主要依据是州政府的城市发展规划，主要目标是充分满足市民的出行需要，并引导公众选择公共交通方式出行。

专栏：美国大都会区交通规划委员会（MPO）

美国国家行政管理体系由联邦政府、州政府、县政府、城市（或镇）政府四级构成。MPO是根据美国联邦法律在每个居民超过5万的城市区域内必须设立的机构。MPO负责协调解决区域内的交通相关问题，包括土地利用、空气质量、能源、经济发展和商业等。MPO组织成员由区域内的利益相关者（包括政府、企业、学校、普通民众等）的代表组成，参与区域内交通规划。MPO下设交通顾问委员会和技术协调委员会。交通顾问委员会负责交通规划问题的协调和决策。成员有两类：一类有投票权，由州交通厅和辖区内各地方（县、市、镇）选举产生或任命的官员组成；另一类有建议权，

但无投票权，来自联邦公路署和其他相关机构。技术协调委员会负责为交通顾问委员会提供技术建议，成员为来自各方利益相关机构的技术人员。从国会法案通过至今，MPO 已有近 50 年的历史，为美国区域社会经济的协调发展起到了至关重要的作用。以达勒姆地区 MPO 为例，该机构成立于 1980 年，达勒姆地区包括达勒姆市和周边的几个县（奥林奇县、达勒姆县、查萨姆县）的部分区域、镇（堪皮尔镇、卡波罗镇、希尔斯波夫镇），地区人口超过 20 万。达勒姆地区 MPO 的成员代表分别来自国家部门（联邦公路署、公共交通署、国家环保局）、州政府部门（交通厅、环境资源厅）、县、市和镇政府或议会成员，以及区域内相关的机构（如公共交通管理局、机场管理局）、学校、民众等代表。各方利益的代表可以综合平衡反映各自利益，实现区域内决策的利益平衡，保证协调发展。

我国未来将处于区域经济一体化、同城化发展的关键时期，目前已经成型的珠江三角洲和长江三角洲已经明显地显示出区域一体化的发展态势。随着国家中部崛起发展战略的提出，中原城市群、武汉城市圈、长株潭城市群、皖江城市带、环鄱阳湖城市群、太原都市圈等城市群概念也接踵而来，而辽中南城市群、川渝城市群、关中城市群、长吉城市群、环北部湾城市群等也正在陆续形成，这都昭示着一个中心城市将不再是支撑区域经济发展的唯一着眼点。为此，应尽早研究跨区域交通一体化的管理体制、规划机制、运营机制、协调配合机制等。

五、注重与其他运输方式的协调发展

20 世纪 90 年代后，大多数发达国家为使交通运输系统最大限度地满足日益增长的、多样化的运输需求，提高运输效率和效益，应对交通拥堵、环境恶化、能源短缺等带来的挑战，通过交通规划、政策法规，采取鼓励、限制和引导等措施，促进公共交通与小汽车、铁路、航空等其他运输方式的衔接，构建更加安全、快捷、智能化的现代运输体系，推动综合运输体系的建设。

法国巴黎市 1996 年颁布了一个具有法令性质的文件——《巴黎城市出行计划》，其宗旨就是优先发展公共交通和提倡低能源、低污染的出行方式，解决交通堵塞,减少私人小汽车的使用。为了实现这一目标,巴黎市政府采取了多项措施,吸引人民使用公共交通,限制使用私人小汽车,鼓励使用自行车和步行。主要通过建设综合交通方式换乘中心,为旅客提供便捷的运输服务,改善车辆和换乘条件,提高运营效率和服务质量。其主要措施包括:一是将换乘中心与所在的城市融为一体,调整车站周围的公共空间布局,增强车站周边的商业和经济活动的活力。改善进入车站和停车的条件,使公共交通、行人和骑自行车的人享有优先权利。二是设置进入公共汽车车站的专用车道,使停车点靠近车站,最好在 50 米以内,最多不得超过 100 米。三是在空间方面,为便于识别方位,设置一些捷径,超过 5 米以上的高层设置上下行电动传输装置。根据客流控制空间规模,为每一种交通方式提供遮风避雨、温暖、明亮、足够大的候车空间,保证行动不便人群的通行。四是在时间方面,将主要线路的公共汽车与火车换乘和等候时间控制在 5 分钟之内。汽车和有轨电车的运行时间表与火车时刻表相衔接。提高综合运输系统的同步性和服务协调性,例如随时根据火车到达时间调整公共汽车发车时间。

新加坡大力推崇“门到门”交通和“无缝衔接”的交通服务,力图通过公共交通系统将工作、购物等各种活动紧密连接起来,同时将不同交通工具换乘距离控制在步行范围之内,真正体现出公共交通的便捷性。政府通过实施公共交通一票制和改善换乘条件等措施,有效促进了不同方式的兼容性以及公共交通系统的一体化发展。目前,新加坡共有 22 个公共交通换乘枢纽,这些枢纽由政府建设并转给公共交通公司进行日常管理。另外,为满足乘客的需要,换乘设施设计得方便实用,具有较好的可达性。很多地铁车站本身就设在集购物、休闲、娱乐为一体的大型购物中心的地下,事实上已成为公共汽车和出租汽车的综合换乘场所。因此,许多拥有私人小汽车的人平时也选择乘公共交通出行。

进入 21 世纪后,世界主要发达国家纷纷制订了新世纪综合运输发展战略规划,建立国家综合运输体系成为各国战略选择的共同目标。我国城市综合交通运输体系建设正处于起步阶段,应当抓住机遇,从一开始就注重城市综合交通运输体系的规划与协调,对各种运输方式进行统筹规划,明确城市公共交通与其他交通运输方式的衔接和优化方案，合理布局综合运输网络，加强综合交通枢纽建设，实现城市公共交通与铁路、公路、水路、航空等交通运输方式的有效衔接以及公共汽车、电车、轨道交通车辆等交通工具间的便捷换乘，适应“零距离”换乘的要求，充分发挥各种运输方式的潜在优势，提高综合运输体系服务质量与整体运输效率。

六、加强各专项规划间的协调与整合

一个高效的城市公共交通系统的建成与各专项规划之间的有机协调与整合是分不开的。我国城市公共交通规划和城市规划长期以来分别隶属于不同的管理部门，由不同专业的技术人员分别负责。按照传统方法，先有城市规划，后进行交通规划和公共交通规划，相当于把交通规划和公共交通规划置于城市规划和土地利用的从属地位。

城市内外交通规划的协调畅通，是发挥综合运输体系系统效率和整体优势的最根本要求。内外交通的畅通要求主要是内外交通规划的衔接配合。交通基础设施特别是衔接站点规划，应从建设综合运输体系的理念出发，注意与城市交通主管部门协商，在物理上做到交通基础设施网络衔接配合，进而通过内外交通的共同协作，完成城市交通与大交通的顺畅衔接，实现整个综合运输体系中一体化客运活动的“零距离”换乘。

城市的规划布局是个巨大而复杂的系统工程，交通规划和城市规划是相互协调、互为支撑的两个方面。只有将公共交通规划和土地利用规划、交通规划等作为一个整体来研究和运作，才能促成城市交通的可持续发展。应以新的规划理念重新梳理城市布局和公共交通组织，将土地利用规划与交通系统规划很好地结合起来，改变以往各自为政的局面。同时要处理好交通规划、公共交通规划与建设计划、工程设计的衔接关系，各层次的交通规划要与相应层次的城市规划同步编制、相互协调，并建立交通规划与城市土地使用规划之间的反馈机制。

第二十章　城市公共交通财税政策

稳定、规范的财税政策是保障城市公共交通健康发展的重要基础和支撑。世界主要城市公共交通在财税政策扶持方面的经验主要体现在以下方面：建立稳定的公共交通资金投入机制，实施规范的城市公共交通补贴补偿制度，以及扶持公共交通企业发展等。

一、建立稳定的公共交通资金投入机制

世界发达国家和地区在城市公共交通的扶持政策上，大都建立了稳定的城市公共交通资金投入机制，有效地保障了城市公共交通可持续发展。城市公共交通资金来源包括设置相关税费、建立专项基金等。公共交通资金来源的税费基本上都与城市交通相关，如新加坡实行燃油平准基金，法国专门设立了公共交通税，美国、德国选择现有的与小汽车使用、燃料消耗、道路通行相关的税种，从以上税种提取资金来支持城市公共交通发展，从而建立起了稳定可持续的城市公共交通资金长效投入机制，保障了城市公共交通发展所需资金。

（一）建立国家、地方共同承担的基础设施建设资金保障体系

城市公共交通的发展需要大量的资金支持，仅靠地方政府的投入既不能为公共交通发展提供充足资金，中央政府也无法对全国范围内不同地区公共交通发展进行引导和调控。国际上很多公共交通发展较好的国家和地区很早就认识到这一点，从而在大规模的城市公共交通基础建设的融资等方面，建立起多级负担的资金支持体系，通过相关法案、文件规定国家、地方等各个层级政府相应的承担比例，共同保证大型公共交通项目建设资金的筹措。中央财政通常会提供一部分资金并要求地方财政提供配套资金进行基础设施建设，对地方城市的公共交通发展加以引导，激发地方政府的积极性，推动公共交通发展。

美国城市公共交通的基础设施，包括公共交通调度系统、场站及各类设备车辆等的投入全部由各级政府共同承担，由联邦、州、县、市政府按比例全额投入。基础设施建设资金投入比例如下：联邦政府负担45%，州政府负担37%，市政府负担18%。如洛杉矶市的无线电调度系统是由联邦政府、州政府、市政府共同投入1.6亿美元建设的。洛杉矶市1996年投入1亿美元，纽约市1995～1999年投入8.18亿美元作为公共交通场站的建设资金。另外美国政府对城市公共交通基础设施的资金投入非常规范，时效性很强。如洛杉矶市的无线电调度系统，公共交通车辆以及纽约市的铰接式公交车辆投入使用等，都由政府立法，每年增置设备，并不断更新、不断完善、不断补充。

日本公共交通建设的资金来源主要是国家拨款、地方政府拨款和贷款。国家拨款部分从汽油、柴油、液化气销售中征税，地方政府拨款部分从各种交通设施的收费（如路、桥和停车场费）中开支，不足部分从银团低息贷款。一般新建公共交通设施时，中央政府出资50%～60%，地方政府出资25%，其余为低息贷款。

（二）积极拓宽公共交通资金投入渠道

拓宽公共交通发展资金来源渠道，设立公共交通专项资金，能够为公共交通的发展提供稳定、长期的资金支持。世界主要城市普遍采取从与交通、能源、车辆通行相关的税费中按一定比例提取部分资金的方式为城市公共交通发展提供资金支持或建立公共交通专项资金。

新加坡设立燃油平准基金，应对燃油价格波动对于公交运营企业的影响，扶持城市公共交通发展。自1992年起，新加坡政府要求公共交通运营企业设立专用账户，作为应对短期油价上涨的基金。基金从企业收入里提取，每年累计直至达到预定额度，该额度不低于运营企业按照公共交通委员会提出的参考燃油价格计算的一年燃料消耗费用。

法国巴黎市依据《公共交通法》建立公共交通税，对在公共交通服务范围内的凡是职工人数超过9人的公营和私营企业，均需按工资总额提取1.2%～2%的公共交通税，政府管理部门在一定上限以内决定税率，从而保证公共交通发展有可靠的资金来源。需要交税的雇主所在区域由最初的巴黎及城内区域扩充到1991年的整个巴黎大区,交通税的计算方法是用总薪水乘以公司所在区域的税率,如巴黎市区交通税率为2.4%。交通税收入的90%以上用于支付公共交通运营公司成本,剩余部分用于投资的各项支出。交通税征收后,由巴黎交通管理委员会每月分配给公共交通公司、轨道交通公司等交通运营企业,成为巴黎公共交通运营企业弥补亏损的重要来源。

为鼓励和引导公众乘坐公共交通车辆,美国州、市政府加收了小汽车牌照税、驾驶执照税和停车费,并且在每加仑汽油售价中抽取0.18美元汽油税,其中的0.06美元作为公共交通建设基金。纽约州一年约有28亿美元的交通特定资金来源,其中40%用于道路和桥梁,60%用于公共交通的运行。机动车燃料税对本州内进口、销售的全部石油制品收取价格的17.7%的税,以及货车重量和距离税、车辆登记费、许可费、通行费等。

德国政府为改善地区交通状况,提供大量的财政资助,财政资助的一半用于资助公共交通发展,如开辟新线、建造中心站、换乘站、交通枢纽、停车场等,财政拨款的资金来源是燃油税(向石油购买者征收10%的税金)。

英国伦敦市政府采取交通拥堵收费的方式,对进入市中心区的社会车辆征收进城费。政策实施后每年有8200万英镑的收入用于交通建设投资,主要用于提高公共交通运营水平,降低公共交通票价,完善服务设施,增加公共交通服务中的残障设施等。

瑞典斯德哥尔摩市对进入市中心的车辆收取交通拥堵费。按照规定,凡在6:30至18:30之间驶入斯德哥尔摩市中心的车辆,都要交纳交通拥堵费,费用从10~20瑞典克朗不等。随后,斯德哥尔摩市政府决定永久性地实施道路拥堵收费制度。区别于伦敦拥堵收费的是:在伦敦一天只需要付一次费,就可以多次出入;但在斯德哥尔摩要多次付费,每天有一个最高限度。交通拥堵费的收取为斯德哥尔摩市政府带来额外的收入,为进一步改善城市公共交通和促进其他道路设施建设提供了重要的资金来源。

二、实施规范的城市公共交通补贴补偿制度

规范的城市公共交通补贴补偿制度是政府对于公共交通企业实行资金支持的重要手段,从国际城市相关经验来看,补贴补偿制度包括补贴范围、

补贴计算方法、票款收入结算、企业合理利润率、政府补贴职责范围等。

美国《全国能源政策法》中规定各企业每月依据职工所持的公共交通票据、票卡免税补贴60美元。法国巴黎市要求缴纳交通税的企业须为其搭乘公共交通的雇员承担公共交通黄票(类似于我国的月票)成本票价50%的费用。

韩国首尔市对票款收入中使用交通卡部分的补贴,通过交通卡公司和公共交通企业统一结算,结算原则是按照车辆运营的公里数分配清算。70%票款收入3日内结算给企业,其余30%票款根据该线路运营服务完成情况在次月8日之前结算拨付。补贴方法按照百公里成本实行补贴,百公里成本由交通管理部门、公共交通协会、相关专家组成的审核机构每年对各条公共交通线路进行确认,根据政府计算出的全年各条线路的平均百公里成本,再结合不同线路实际情况与公共交通企业协商,以车辆为会计核算单位确定支付标准。在核查成本的基础上,保证公共交通企业能够获得规定的利润,首尔市明确规定公共交通企业年基本利润率约为3.75%,考核利润率约为1.25%。考核利润是指每年市政府交通管理部门会同公共交通协会等单位,按照公共交通服务质量考核标准中的要求,对公共交通企业运营服务质量进行考核,然后根据考核结果排名,对运营服务质量好的企业,在满足其获得基本利润(含合理成本补贴)的前提下,给予一定考核奖励利润。

三、扶持公共交通企业发展

发达国家及地区除对城市公共交通企业实行直接的财政补贴政策外,还制定了城市公共交通企业发展扶持政策,比如减免税收、低价租用设施、鼓励产业开发等,在很大程度上减轻了企业的经营负担,增加了企业的收益,提高了企业的运营水平,为城市公共交通企业更好发展提供了良好的基础。

(一)制定公共交通企业税费减免政策

世界主要城市普遍都对城市公共交通企业执行区别于一般企业的税收政策,在很多常规税种上给予减免,力度也非常大,从而大大减轻了城市公共交通企业的成本压力,凸显了城市公共交通企业的公益性地位。

新加坡政府对公共交通企业一般不提供财政补贴,其主要的扶持政策包括低价租用设施、优惠的购车政策(包括免收拥车证费用,车辆进口税减免50%,公共交通车辆附加注册费仅为市场指导价的5%,其他车辆为市场指导价的110%)、政府投资智能公共交通建设等。

韩国首尔市的地铁公司享有一定的优惠政策,如地铁系统获得不动产和在注册方面是免税的,也不用交纳公司所得税、城市建设税和营业税。

日本政府为了引导市民更多使用公共交通出行,鼓励企业给员工发交通补贴,而且对交通补贴不征税。

捷克对城市公共交通实行免税政策,所有市属城市公共交通车辆都免交养路费,所有城市公共交通企业都免交土地和房地产使用税。

我国香港政府对城市公共交通不提供补贴但提供政策扶持。相关线路可免费使用道路及巴士总站,并可获得政府的税收减免,如免征车辆首次登记税、牌照费用及对燃油税实行优惠政策、免征公共交通车辆的进口税。

法国政府针对城市公共交通企业的增值税率比一般企业少10%,一般企业为18%,而公共交通企业仅为8%。美国的城市公共交通企业几乎没有纳税的义务,除向社会购买燃料等物资交纳的税费外,其营业税全免。德国对公共交通的扶持政策,主要是对公共交通企业减免税收,减少公共交通销售税(增值税)的50%和完全免收公共交通的车辆税,另外还减收公共汽车的用油税。

(二)鼓励公共交通企业进行多元化经营

很多国家和地区为了保证城市公共交通的普惠性与公益性,都对城市公共交通的票价作了限制,运营企业因此承担了较大的生存压力。为保障公共交通企业可持续发展,部分城市政府提供了较为灵活的扶持政策,即允许企业利用线路周边的土地进行多种用途开发,通过这种方式让企业获得额外的收益,从而弥补企业提供公共交通服务所承受的资金压力。

日本政府通过多种公共扶持政策,保证私营轨道交通企业的公益性,通过鼓励多元化经营、开拓新事业领域、进行轨道交通沿线土地的综合开发,增加了轨道交通运营企业的经济收益和经营活力。

我国香港特别行政区的很多公共交通用地都是采用与商业、金融、居住用地综合开发的模式，一方面可以保证公共交通基础设施的用地，同时也使公共交通与商场、写字楼、住宅区等人流集散点的结合更加紧密。该模式通过获取地面物业的营收来弥补公共交通的运营亏损，同时公共交通枢纽的建设也可以为地面的商业、金融中心等带来人流，营造人气，实现了良性协调发展。

第二十一章　城市公共交通基础设施建设

城市公共交通基础设施是公共交通系统的重要组成部分和保障公共交通系统正常运营的基础条件。世界主要城市公共交通基础设施建设的经验主要体现在以下方面：确保公共交通基础设施建设用地，加强城市综合客运枢纽建设，大力发展城市轨道交通系统，积极推进城市快速公共交通系统建设，注重城市公交专用道网络建设，加强公共交通场站建设。

一、确保公共交通基础设施建设用地的落实

城市土地一旦完成开发，对城市的影响往往是很大的。因此，对公共交通建设用地必须实施严格控制，防止被挪用。在我国香港特别行政区，居住小区场站的配套实行政府主导的强制推行模式，确保公共交通场站用地落实到位，并且政府还从土地出让金中按比例提取城建配套资金，用于居住小区公共交通场站的配套建设，产权则归政府所有。

结合我国实际，对于新建城市公共交通基础设施，要加强与国土、规划、建设等部门的协调与沟通，在土地利用规划和城市控制性详细规划中严格控制用地指标，确保在城市用地配置上优先安排城市公共交通设施用地，并按行政划拨的方式供地。强制性规定大型社会活动中心、公共设施（地铁站、火车站、码头、机场）和部分居住小区等项目开发时必须根据城市规划和交通主管部门的要求，配套规划建设公共交通场站。政府应对大容量公共交通系统沿线及枢纽本身和周边土地的开发进行控制，并建立沿线土地储备机制，对于公共交通首末站、中途停靠站、停车场、维修保养场等设施用地也要实施严格控制，以保证公共交通规划的有效实施。

二、加强城市综合客运枢纽建设

(一)加大城市综合客运枢纽建设力度

从发达国家的经验来看,要提高公共交通整体运行效率,加大综合客运枢纽和公共交通换乘中心的建设是关键。现代化的公共交通系统应该是由多种方式组成的立体化的客运交通体系,以适应不同层次的出行需求。一体化综合客运枢纽是多种交通方式乘客集散的关键节点,因此,要优先安排城市的综合客运枢纽建设,不断提升客运枢纽的人性化、一体化和智能化水平。

目前,国外一些大城市的客运枢纽正朝着立体化、多方式和多功能方向发展,形成地上(高架铁路)、地面(公共汽电车)和地下(地铁、市郊铁路)一体的立体化公共交通体系。如法国巴黎市在市中心布置了4座特大型多层换乘枢纽站,最上一层为地面公共汽车枢纽,中间层是火车站,在距地面10米深处的最下一层为市区地铁车站。各层间均由自动扶梯连通,换乘非常方便。著名的柏林火车总站,是典型的立体多功能多方式换乘枢纽,共分5层,枢纽内包括轨道(远程铁路、区域铁路、轻轨)、地铁、有轨电车、常规公交车等客运方式。白俄罗斯首都明斯克市铁路客运站范围内不仅设有火车站所应有的设施,而且还设有由一种交通方式(如市内公共汽车)向另一种交通方式(如地铁和铁路)换乘的综合交通设施。该市新建的地铁站不仅与铁路相连,也与地下汽车停车场相连,同时还设有为乘客服务的各类小型商店。

(二)完善综合客运枢纽功能

鉴于综合客运枢纽在城市交通系统中的重要地位和作用,城市政府应加强对综合客运枢纽发展规划的编制和实施,合理调整并不断优化城市客运的线网与节点布局,协调好城市公共交通与铁路、公路、民航、水运等对外交通方式之间,以及公共汽车、轨道、轻轨等不同公共交通方式之间的物理衔接和时间衔接。应加强各类换乘枢纽的配套基础设施建设,精心设计站内换乘服务功能并允许不影响乘客换乘的空间综合开发,促进综合客运枢纽规划、建设、运营和服务一体化,为公众提供人性化、多元化、零距离的换乘条件。

日本是一个典型的地少人多的国家，在建设客运场站时比较注重立体开发和综合效率。名古屋车站是日本中部地区最大的交通枢纽站，该站是新干线、国铁、地铁及空港巴士、巴士、高速巴士、长途汽车和市公交线路等10多个交通企业，几百条线路交汇换乘的特大型车站，日均客流量110万余人次，线网密布，商业繁荣。大楼整体占地面积82000平方米，高245米，共有地下4层，地上53层楼，设备齐全。大楼的地下有地铁、轨道交通、商场和多功能广场，大楼内还设有停车场、展示厅、空中走廊等设施。该大楼又和邻近的汽车总站连接，汽车站内实行全自动调度。名古屋车站集中体现了交通功能、集散功能、休闲功能、商业功能、信息功能和防灾功能的有机融合。此外，名古屋市提出"以人为本，以满足人的需求为第一"的发展理念，在市政府的统一领导下，统筹资金，统一规划，统一招标，统一施工，统一管理。

三、大力发展城市轨道交通系统

常规公共汽电车因为载客量小、速度慢，服务能力受到一定限制。而轨道交通由于与道路相分离，可以快速运送大量乘客，已成为世界各国大都市解决城市交通拥堵问题的重要方式。许多世界国际大都市都把轨道交通作为城市交通系统的骨干。

20世纪50年代初，法国曾提出"使每个职工拥有一辆小汽车"的口号，结果导致了严重的交通拥堵。后来经过反思，法国重新选择发展公共交通，致力于快速轨道交通和地铁的建设。巴黎的轨道交通工具包括地铁、轻轨铁路和市郊铁路。轨道交通承担巴黎公共交通70%的运量，市内和郊区公共汽车承担30%的运量。巴黎市共有约200公里的地铁线路，是公共交通的骨干，乘客徒步5分钟就可到达地铁站，列车最小运行间隔为95秒。欧洲许多国家的大城市都建有完善的公共交通系统设施，几乎所有的市际客运交通都深入城市，在市中心区边缘设站，方便旅客进入市中心商业步行区，而且大城市地铁和快速轨道交通可以方便地换乘其他交通工具。

为缓解交通拥堵问题，多年来，日本东京一直大力建设和发展轨道交通。目前，在整个东京都市圈范围内，轨道交通构成了城市公共交通的骨架，特别是在连接市区与郊区及远郊区的放射线方向上，更是占据主导地位。东京大都市圈轨道交通系统每天运送乘客3000多万人次，承担了东京全部客运量的86%。在早高峰时的市中心区，有91%的人乘坐轨道交通工具，而选择小汽车出行的人仅占6%。

我国正处于快速城镇化和机动化时期，城市的聚集效应将越来越明显，城市交通问题也会越来越严峻，发展以轨道交通为主体的公共交通系统是大城市和特大型城市可持续发展的必然之路。借鉴发达国家经验，应该未雨绸缪，结合大城市和特大型城市未来空间布局、人口分布和经济社会发展趋势等，提前做好以轨道交通为骨干的公共交通系统发展规划，坚持量力而行、有序发展、区别对待的方针，科学规划和建设城市轨道交通系统。

四、积极推进城市快速公交系统建设

快速公交系统（Bus Rapid Transit，简称BRT）是一种介于轨道交通与常规公共交通之间的新型城市客运系统，它是利用现代化公共交通技术配合智能交通运营管理技术，设置公交专用道路和建造新式公交车站，提供高效快捷客运服务的一种独特的城市客运系统。与轨道交通和常规公共汽电车相比，BRT具有造价低、占地少、建设周期短、运营速度快、运量大、灵活、环保、易形成网络等特点，能够有效地缓解交通拥堵，降低居民出行成本。

1974年以来，巴西库里蒂巴市积极修建快速公交系统，逐步形成以多条快速公交走廊为中轴的放射状城市结构。其他公交支线通过布置在不同位置的中转站向主干道输送乘客，库里蒂巴市的公交出行比例高达75%，日客运量高达190万人。1990年，联合国将库里蒂巴命名为“巴西生态之都”、世界三大生活质量最佳城市之一，2002年又被联合国评为“最适合人类居住城市”。

波哥大是BRT应用成功的又一典范。20世纪后期，波哥大私人汽车不断增加，交通拥堵严重，私人汽车占用了95%的道路面积，却只承担了19%的客运分担率。公共交通运行效率差，平均载客率仅为45%；运行速度低，平均出行时间达1个多小时。为了改善城市交通状况，减少私人汽车的使用，波哥大市政府制订了一个整体化交通战略，建设巴士快速交通系统。波哥大快速交通系统的专用道网络包括22条专用道，总长388公里。巴士快速交通系统实施后,每辆汽车每天平均运送 1596 人,比该市传统公共汽车运量高 5 倍。交通事故死亡人数下降了 89%,受伤人数下降了 83%。空气污染程度也有改善,有些污染成分减少了 40%。以前主要道路上的公交运送速度为 12～18 公里/小时,而巴士快速交通系统的主干线速度提高到了平均 26.7 公里/小时。使用该系统的乘客,出行时间平均缩短 32%。2002 年 4 月进行的乘客满意度调查表明,该系统得到高度认可,78% 的应答者对该系统的评价为好或非常好。大运量巴士快速交通系统的车站由于成为发展的节点,促进了经济发展并增加了就业机会。

我国城市人口密度大,BRT 建设正处于起步阶段,在我国具有广阔的发展空间,各级政府应该鼓励城市把快速公交系统作为一种新型的公共交通模式,结合实际加快发展,落实公交优先政策。由于 BRT 系统在成本和效率上的优势,我国大中城市可以结合城市经济发展实力、交通发展状况,适时推动 BRT 系统建设。

五、注重城市公交专用道网络建设

城市公交专用道是解决城市交通拥堵最有效的途径之一,公交专用道充分体现了公交优先中的路权优先,能够有效保障公交车辆运行速度和运行时间,从而进一步提高公共交通的吸引力。

库里蒂巴城市对道路与线网的合理布局、站点的便利换乘,车辆和客流的匹配等都作了细致的规定,实现了网、站、线、车的综合配套。库里蒂巴市的一体化公交网络是一个沿着五条城市主轴线,由快速干线、支线、区际线、环线以及市中心环线组成的公交运行网络。库里蒂巴市的主要干线都由三条平行的车道组成,中间是公交专用道,两侧是除公交车以外的其他车辆行驶的道路,公交车专用道与其他车道之间是物理隔离带或停车带。

在 20 世纪 70 年代初,由于私家车急剧增加,法国巴黎市的城市交通几近瘫痪。于是,政府开始下大力气重点优先发展公共交通,巴黎设置了 480 多条全天使用的公共汽车专用道。公共汽车专用道效果明显,公共汽车的运营服务质量显著提高,运行速度提高了 20%～30%,节省油耗 6%～7%,废气排放减少了 20%～40%。

为了实现公交优先，韩国首尔市从2004年7月开始，在李明博市长的主导下，积极推行公交改革，其中修建中央公交专用道是改革的主要内容之一。首尔在主城区的主干道上设置公交专用道，中央公交专用道主要分布在首尔市中心区对外放射状通勤交通走廊上。公交专用道分两种，一种以蓝色线条区分，为分时段专用道；一种则涂成红色路面，为固定专用道。实行公交专用道后，公交车辆行驶速度至少提高了18%，乘客数量增加了15%～38%。

为缓解交通压力，2004年，印度尼西亚雅加达市政府投入4850万美元，开始兴建公交专用车道，陆续建成了3条专用车道，计划到2010年将增加到15条公交专用车道。随着公交专用线路的不断完善，目前雅加达许多的机动车主将私家车停放在家里，转而乘坐公交车出行，预计15条专用车道全部投入使用后，公交出行比例将进一步提高。

为了有效缓解城市交通拥堵，借鉴国际经验，大力建设公交专用道是我国城市交通可持续发展的重要途径之一。首先，应当把设置公交专用道作为城市交通规划和公共交通规划的重要内容之一；其次，在大力推进公交专用道建设时，各城市应根据交通发展状况和拥堵情况，区别设置全天或者分时段公交专用道；再次，应该从网络化和系统化角度出发，注重灵活、方便、系统的公交专用道网络化建设；最后做好公交专用道的配套设施建设，例如换乘设施、电子站牌、优先信号装置及自动售检票系统等，以提高系统的整体效率。

六、加强公共交通场站建设

公共交通场站是保障公共交通运营效率、完善公共交通线网布局的重要基础设施。国外城市十分重视公共交通场站的建设，通过科学规划、加大投入、加强监管等多种手段，不断加大公共交通场站的建设力度，有力地促进了公共交通的健康发展。此外，国际城市通过完善法规制度，规定在规划建设居住区、商务区、工业园区、文化活动等大型城建项目时，必须同步规划建设相配套的城市公共交通场站。

新加坡政府负责对公共汽电车基础设施的投资建设，例如公交枢纽、站点、公交专用道、公交信号及其他公交优先的保障设施，均由政府负责投资建设，公共交通企业低价或无偿使用。同时政府还对轨道交通的线路、车站、控制中心、换乘场站等设施建设给予资助，而对于第二批运营设备（在第一批使用期满以后的装备）的购置费，运营公司只需要支付与第一批装备相同数额的成本，其他增加的成本由政府支付。

新加坡的公共汽车站点都配备了良好的通勤服务设施，全国4400个公共汽车站中90%以上都有座位和遮挡篷。近年来，公共汽车站不断扩大规模，完善信息诱导、无障碍设施等配套设施，不断改善服务水平。

为拓宽资金来源渠道，自1995年以来，新加坡私人企业开始获得公共汽车的广告权。作为交换，这些企业要建设和维护新的公共汽车场站，负责卫生清洁，并定期更换广告。而在偏远的地区，由于广告公司缺乏投资的积极性，便由政府负责建设和维护公共汽车场站。

第二十二章　城市公共交通管理制度

科学、完善的管理制度是城市公共交通有序发展的重要保障，是政府管理城市公共交通的重要手段。世界主要城市公共交通管理制度的经验体现在以下方面：建立规范的城市公共交通准入退出机制，加强城市公共交通线路及区域许可管理，建立服务质量考核评价制度，建立完善的安全应急管理制度，建立科学合理的票制票价制度，建立规范的交通影响评价制度等。

一、建立规范的城市公共交通准入退出机制

（一）通过立法严格控制行业准入

城市公共交通行业营运许可制度是行业准入管理的主要手段。很多国家和地区都把城市公共交通准入制度纳入法律法规中，规定了公共交通运营准入标准，对申请者按照准入标准进行审核。经许可，申请人符合条件的发给相应运营许可，并在许可中明确规定了核准从业者从事城市公共交通的性质、客运能力、资本、营运线路与区域等。

1993 年，法国通过 SAPIN 法（以法律起草人命名）。按照该法律规定，要求进行强制性的竞争性招标，严格规定投标人的竞标资质，以此支持公共交通发展，让公共交通准入更加透明、更加规范。

1991 年，芬兰颁布《国家乘客交通法》，法案允许市政管理机构和赫尔辛基都会地区议会在各自负责的区域内对公共交通服务进行招标，招标条件极为严格，要求申请人必须是《国家乘客交通法》所认可的运营商，同时要求从事公共交通服务的人员必须具备相关法律所要求的资格。

澳大利亚新南威尔士州都市地区也严格规定公共交通准入机制，1990 年制定的《乘客交通法》明确规定城市公共交通行业准入采用商业性合同制度（运营商收入主要来自于乘客票款和政府对优惠票的补偿），并对《乘客交通法》中的部分规定进行了调整和修正，并且每 5 年更新一次合同。

(二)加强服务质量的源头管理

在公共交通准入体系中,明确各种准入条件,包括营运资格、票制票价、服务质量、服务年限、车辆质量等,并以此作为政府管理部门对运营企业服务质量、运营水平以及安全运营等要求的参照标准,做到从源头上保证公共交通服务质量。

在芬兰,赫尔辛基都会地区议会制定的公共交通条件包括:①第一个竞争性招标合同年限为3年,当合同期满后,每两年招标一次,现在的合同期限改为5年。②对车辆的要求:座位数量、座位之间的间隔、车门的数量,以及其他会影响服务质量的车辆特征,例如为残障人士和婴儿准备的座位、安全设施、照明设施、信息发布设施等。③服务质量要求运营商做出的服务控制计划;乘客服务要求包括信息提供、服务间隔和驾驶员着装;服务质量的保障要求包括服务的可靠性、线路标志;技术质量要求包括车况和车辆卫生、交通安全等。④票价要求:实行低票价。⑤车辆环保要求:确定车辆的污染物排放标准等。

瑞典斯德哥尔摩市和法国第戎市强调了公共交通准入的环保要求。1999年,瑞典斯德哥尔摩对公共交通运营准入条件规定:确定污染物的排放标准,氮氧化物和颗粒物排放标准必须至少满足欧III标准。之后又陆续出台了一些新的标准,包括:2000年要求10%的燃料为可再生能源;巴士车辆的最高使用年限不能超过10年;运营企业全部车辆的平均车龄不能超过5年等。法国第戎市在2003年发出的招标邀请中,对环保方面的标准进行了说明,标准围绕车辆污染物排放标准和车辆维修两个方面,要求运营商在日常维护上花费更多的时间,例如规定市政府每六个月对巴士车辆的尾气进行一次检查,每次检查25%的车辆。

(三)通过完善的退出制度保障公共交通服务水平

科学完善的城市公共交通退出制度是公共交通服务水平的重要保障。政府通过与运营企业签订专营合同或协议的方式,明确政府和企业各自的义务以及经济利益。如果城市公共交通企业未能履行合同,政府管理机构可以取消与该企业签订的合同,使其退出城市公共交通行业,从而打破了城市公共交通运营的终身制。将竞争机制引入城市公共交通行业,有效地提高了服务质量。

世界主要城市的先进经验表明,如果政府对公共交通企业的退出缺乏科学合理的规制,会使公共交通服务供给得不到有效保障,进而影响城市公共交通的稳定运营。因此,政府必须要求已获准入的公共交通企业负供给责任,从而对其实施退出规制。首先,选择退出对象。只要符合退出规制条件的,不论其所有制如何,均应列为退出对象。其次,退出对象补偿的问题。根据退出公共交通行业的经营者所遭受利益损失的程度进行补偿。最后,引入新的经营者。在妥善处理企业退出公共交通运营的过程中,应该同时引入新的经营者,让符合条件的公共交通企业进入,以确保公共交通运营的连续性。

在退出标准中,需要从定性和定量两个方面考虑,定性方面侧重宏观效益,定量标准则应建立公共交通企业运营服务综合考评标准,并以此进行考核,设定退出标准的范围。退出标准应当包括运营服务、运营秩序、行车安全、社会评价和运营管理等方面。同时,还应该考虑由于企业退出所带来的社会成本指标,例如职工下岗、债务处理,及线路退出后的风险承担机制等。

二、加强城市公共交通线路及区域许可管理

世界主要城市的经验表明,城市公共交通应在政府的监控下,实行有序竞争,适当控制进入者的数量和规模,并逐步推行公共交通线路及区域许可经营。政府通过授予或招标的法定程序,准许某个企业获得一定线路或区域内经营公共交通的专权,并通过签订专营合同或协议的方式,明确政府和企业各自义务以及行政和经济利益,比较典型的案例是我国香港特别行政区和韩国首尔市。

专营政策给公共交通企业提供了稳定的城市客运经营市场。城市公共交通企业的产业特性不同于一般的工商企业,因而不允许在该行业内展开恶性竞争。基于此,香港特别行政区政府采取专营政策允许企业经营城市

公共交通，香港运输署设置专门机构统筹协调各种交通工具的运营，平衡各方利益，使各种交通方式得以协调发展，并通过合理的分工协作，创造了一个良好的经营环境，这是香港公共交通企业能够盈利的重要条件。

香港特别行政区政府制定了《公共汽车服务法案》，并按照该法律规定实施巴士线路专营制度，该法案把政府对巴士企业的管理直接置于法律控制之下，以规范企业行为。其内容包括：第一，巴士服务的规定。明确规定了巴士企业开线、配车、车型、班次密度、候车时间、线路发展、新车配置、改建、新建车场、驾驶员和技工培训、改进组织管理等具体内容。第二，经营收益的规定。以九龙巴士公司为例，具体规定了其经营许可利润为固定资产平均净值的16%，目的在于鼓励公共交通企业自行增加或更新车辆及其他设备，在扩大和改善公共交通服务的前提下，获得规定利润比率内更多的盈利。第三，专营期限的规定。专营期限起初定为15年，到期要重新申请，后又改为10年一期。为了切实保障在这10年经营期中，巴士公司能始终如一地提供良好的公共交通服务，香港特别行政区政府规定，10年期限中每两年续期一次，凡不能按专营协议完成一定质量公共交通服务的，香港特别行政区政府有权部分或全部终止其专营权。1994～1995年，香港地区政府就因乘客投诉过多而将全部由中华巴士公司经营的港岛巴士线抽出30条转由城市巴士公司接手经营。这一措施对其他巴士公司是一个有力的鞭策。

韩国首尔市的做法是由市政府主管部门提出公共交通线路运行系统整编和运行费用方案，公共交通企业自主磋商后签订共同遵守的运行协定，再与政府主管部门协商，确定方案并经政府批准后付诸实施。确定运行路线时，在尊重、照顾一些公司的路线既得权的同时，对部分新辟线路通过招标竞争选定经营者。在分配制度上，经营者的收入决定方式以运营里程为标准，对各公司的服务、经营状况加强检查评估，根据不同情况由市政府财政给予相应补贴。

三、建立服务质量考核评价制度

城市公共交通系统发达的国际城市对城市公共交通服务水平进行了系统和深入的研究，形成了较为完整的质量监管评估制度。城市公共交通服务水平指标体系已成为编制城市公共交通规划的重要依据，也是政府主管部门为公共交通企业制定运营任务和目标的工具，更是公众对城市公共交通服务进行监督和评价的标准。公共交通企业必须提高公共交通服务质量和服务水平，才能更有效地吸引公众使用公共交通工具。建立服务质量监管评估制度，是实现这一目标的有力保障。国际城市对公共交通的服务质量监管细致而全面，除制定相关服务质量标准外，还制定了激励服务质量提升的相关政策，保证公众享受到良好的公共交通服务。

（一）制定全面系统的服务质量考评标准

城市公共交通发展水平较高的国家和地区，其对公共交通服务质量的监管，很大程度上依靠一套全面系统的服务标准，内容涵盖了线路设计、运营车辆、运行保障、驾乘人员服务、乘车舒适度等与公共交通服务相关的所有方面，甚至还包括对场站、配套服务设施完备程度的规定。

新加坡公共交通委员会的公共交通服务标准主要内容包括：线路规划、线路直达性、线路可达性、地铁站与公共汽车接驳、线路长度、与计划发车频率一致性、公共汽车载客量、空调公共交通车辆所占比例、提供线路相关信息、提供下一班车发车时间的相关信息等。

韩国首尔市政府制定了全面的公共交通服务质量考核标准，包括运行、服务质量、运营三个方面，每个方面都有详细的考核明细，并规定了考核的周期。其中，运行管理部分的考核指标包括安全运行指数、运营中运行延迟车辆考核、企业员工工资指数、公共交通车辆管理系统作用四项；服务质量部分的考核指标包括市内公共交通车辆服务满意度调查、市内公共交通车辆运行时刻表考核、柴油车辆污染度考核；经营改善部分的考核指标包括引进天然气公共交通车辆数量、驾驶行业人工费节俭度及改善度、劳动关系争议及违反情况、压缩天然气及柴油费用改善度考核、企业财务健全性、现金收入管理及透明性和经营健全性等。对应每一项考核指标都制定了详细的可操作细则以及具体量化办法。

香港地铁条例明确规定，公司必须按照政府制定的服务水平运营，衡量服务水平的主要指标有两个：一是列车服务供应水平，比较列车每月实际班次与计划班次；二是列车服务准时程度，对比每月准时的列车班次与实际列车班次。其他指标还包括车厢舒适度，自动售票机、出入闸机、手扶电梯及乘客升降机的可靠程度等。香港运输署根据以上指标对地铁系统具体运营情况进行监管。

（二）制定明确的奖励和处罚措施

为提升公共交通企业提高服务质量的积极性，奖励和处罚措施也是必不可少的。英国伦敦市对公共汽电车提出了严格的服务标准要求，对服务不合格的公司，将给予一定的经济处罚，直至吊销营业许可证；而对服务优良的公司，政府给予经济奖励和实施相应的优惠政策。

巴西库里蒂巴市的处罚措施是根据企业违反规定的情节轻重，实行下列惩处：对当事人予以口头和文字警告、临时或永久性地调离工作岗位、扣留年审证、罚款、书面警告、吊销准运证等。违反两条或两条以上者，无论其性质如何，各条并罚。

法国巴黎市交通管理机构通过公共服务授权，与运营企业签订经营合同。合同与服务质量相关的主要内容，是对全年服务量和服务质量的要求。其中，对全年服务量的要求，考虑到客观情况可能会有一些变化，实际完成的服务量与基准服务量会有正常的偏差，允许有3%～4%的浮动，浮动额度根据不同地区或车种而定，如果不能完成或超出允差范围，则要罚款。对服务质量的要求共有22项指标，每一项都有年度目标。达到目标要求，既不奖也不罚；超过目标有奖，达到上限目标值及以上时奖励额度最高；达不到目标要罚，降到下限目标值及以下时罚款额度最高。

（三）将服务质量与企业利润率挂钩

除了制定公共交通服务标准约束公共交通企业服务质量外，一些国家还制定了提升服务质量的相关激励措施。将服务质量与政府保证企业获得的利润率相挂钩，能够直接刺激企业更为主动地提升自身服务质量。

法国巴黎市的公共交通运营公司与巴黎大区交通管理委员会签订的合

同确定了提供的服务和报酬分配基础，以及改善交通和服务质量的奖励。韩国首尔市正在研究尝试根据招投标服务合同要求，建立公共交通线路和企业退出机制，并希望通过调节成果利润的比重以激励公共交通企业提高服务质量。巴西库里蒂巴市公共交通运营公司必须按指定路线提供服务。城市公共交通运营公司可以根据客户和运营公司的需要，制订规划和合理安排运输系统。城市公共交通运营公司应按照确定的技术和运营标准提供客运服务，运营公司的报酬与所提供服务的质量挂钩。

（四）建立多渠道服务质量评价反馈和监管机制

对服务质量指标的检查评定是服务标准体系的重要组成部分，也是质量管理的基本手段。定期开展质量调查和评价，并提出改进服务的建议，是促进城市公共交通服务质量不断改进的重要措施。

新加坡通过公共交通委员会邀请公众通过网络、民意调查等途径直接反馈意见，由此确定各公共交通公司的服务质量。对不符合要求的公司，公共交通委员会有权进行处罚。公共交通委员会针对乘客连续两年对某公共交通公司投诉比较集中的问题，如在高峰时段等待时间过长或车辆过度拥挤等，将予以该公司一定的处罚。

我国香港特别行政区采取多种措施加强对公共交通专营权线路的服务监管。政府直接参与的方式主要有政府派代表出席企业董事会，运输署署长与相关公司定期召开例会、组织服务调查、要求公司呈报运营资料等；乘客与政府共同参与的方式主要有乘客满意度调查、区议会与传媒以及市民等的意见和投诉、乘客投诉数据分析、直接对专营巴士服务水平进行评估等。通过监管，如发现公共交通公司存在服务水平低下的情况，政府将根据具体情况采取罚款、取消个别线路专营权、不延续专营权、直至取消整个企业专营权等措施。

英国伦敦市的交通服务顾客委员会通过调查顾客投诉、对公共交通系统开展独立研究、保持与公共交通调度员的经常性对话、评估公共交通站点的增设或关闭的可行性及实施时间等，监督公共交通企业的运营服务情况。委员会召开的所有会议都对公众开放，市民可在其网站上提交意见，还能了解委员会调查项目的进展或结论。此外，伦敦政府公共交通管理部门每年会派出多名公共交通客运监督员，这些监督员带着摄像机在伦敦各条公共交通客运线路上对公共交通人员的服务态度、驾车规范、车辆状况、事故处理和乘客反应等进行现场考察，他们拍摄的资料均作为评定公共交通运营商经营管理优劣的重要依据。

四、建立完善的安全应急管理制度

为控制、减轻和消除城市公共交通突发事件造成的严重社会危害，使公共交通及时恢复正常运行，应加强城市公共交通突发事件的应急管理工作，建立完善应急管理体制和机制，提高突发事件预防和应对能力。在长期的应急管理实践中，世界主要城市积累了丰富的经验，通过不断健全安全生产管理机制，深入落实公交车辆、从业人员、场站、安全应急等方面的安全生产管理制度，不断加强对交通安全技术、设施、装备和运营模式的研究、开发、应用，增加安全投入，形成了成熟和完善的应急管理体制和机制，提高了城市公共交通安全的技术保障水平。

我国香港特别行政区根据应急事件的特点和要求，建立了较为完善的应急管理法律法规，同时及时根据新情况，对这些规章加以完善，以便更好地应对新的危机。此外，香港特别行政区政府通过法律或条例的形式确定了应急管理的具体要求、工作流程等，使应急工作有法可依，确保了应急工作的顺利开展。

我国香港特别行政区政府对轨道交通的规范和管理强调确保轨道交通系统设计、建造、运营及维修等方面的安全性。在轨道交通建设过程中，轨道交通视察组和运输署会进行检查，确保轨道交通安全稳妥后方可启用。为确保轨道交通系统能时刻保持较高的安全水平，政府对轨道交通公司明确以下要求：一是须时刻以轨道交通系统安全为前提；二是须确立一套服务安全管理系统，以控制并尽量降低安全风险；三是发生任何涉及安全的事故，轨道交通公司都必须向政府报告，并有义务配合轨道交通视察组对事故的调查；四是如发生轨道交通安全事故而轨道交通公司没有依法采取措施予以纠正的，政府可责令轨道交通公司采取纠正措施，如不采取措施，政府可予以罚款；五是轨道交通公司须聘请独立专家，最少每三年检查一次轨道交通安全管理系统。

五、建立科学合理的票制票价制度

总体来看，国际城市公共交通定价、调价机制较为系统和完善，能够综合考虑各方面因素，建立了公共交通票价与企业运营成本及物价水平的联动机制，并根据城市经济发展状况、物价水平和劳动工资水平，及时调整公共交通票价。此外，部分国际城市还根据公共交通车辆档次、服务质量、运送距离等建立多层次、差别化的票价体系，形成了科学合理的比价关系，较好地推动了城市公共交通优先发展和运营企业的可持续发展。公共交通票制票价制度国际经验，主要有以下三个特点：灵活多样的票价制度，科学的票价调整机制，换乘优惠的城市公共交通票制。

（一）采用灵活多样的票价制度

灵活多样的票价制度有利于区分出行者需求特点、线路特点、区域特点等，方便交通主管部门更好地分析客流，制定相应的优惠票价来吸引、巩固主要客流群体，从而达到引导出行者长期选择公共交通的目的。

日本东京地铁票分为普通车票、回数券以及月票等。车票种类不同，价格也不同，按乘坐距离确定票价。铁路月票有学生月票和上下班人员月票，以及东京地铁公司的全线月票。使用学生/上下班人员月票，可以在特定区段内的各车站之间无限制地乘车；在有效期限内，地铁全线月票的购买者（登记姓名者）或持有者可在东京地铁公司全线反复使用。

法国巴黎公共交通实施多种票制，给市民带来很多实惠。公共汽电车与轨道交通实行“一票制”，普通轨道交通票就是巴黎公共交通的“一次性通票”。为方便巴黎市区及近郊居民乘车，巴黎独立运输公司鼓励乘客购买周票、月票或年票，年票折扣幅度最大。由于购买月票和年票的乘车成本比单次普通地铁票便宜许多，大多数依赖公共交通出行的巴黎人都拥有一张地铁月票或年票，因此地铁月票和年票也被称为巴黎公共交通的“长期通票”。地铁月票或年票并非只有一种售价，不同特殊群体还可享受不同程度的优惠,例如学生就有更大幅度的优惠。此外,在巴黎的旅游者还可以根据旅行时间和需求灵活选择日票、两日票、三日票、五日票等。

(二)实施科学的票价调整机制

在新加坡、韩国首尔和我国香港特别行政区,除了有固定的票价制定制度外,还配合有科学的票价调整机制,充分考虑消费者价格指数(CPI)、工资水平、生产力进步等经济发展因素,将票价与成本有效地联系起来,制订了科学的票价调整办法,形成一种动态的票价联动机制,充分体现了市场经济规则,兼顾了城市公共交通企业的发展与公众的承受力。

新加坡政府将票价与经济发展,工资水平与生产力挂钩,使乘客分享公共交通行业生产力提高带来的利益。并以中低收入家庭为代表评估票价涨幅,兼顾了公司的可持续发展和社会公众的承受力。

韩国首尔市议会法规授权首尔市政府,随着经济发展,每两年可调整一次公共交通基准票价。调价要求一般由企业和协会向政府管理部门提出,经审核向总统报告后由市长批准执行。尽管不需要市议会批准,但为了减少阻力,市政府也征求市议会意见。

我国香港的巴士公司可申请提价,但必须首先提出提价的理由。提价的幅度依照"0.5×运输业界工资指数变动+0.5×综合消费物价指数变动-0.5×生产力增幅"这一公式计算确定。同一企业内部线路有盈有亏,由企业内部调节。

(三)提供换乘优惠的公共交通票制

在公共交通统一协调的票价结构下,一票多乘制允许在公共汽电车线路之间以及地铁与公共汽电车线路之间免费换乘。这样的票制和票价结构能吸引乘客换乘,对降低出行成本起到重要作用,并且能够有效地组织客流在多种公共交通方式之间合理分配。

新加坡的公共交通实行换乘优惠票制。公共汽电车和公共汽电车、公共汽电车和地铁、地铁和轻轨之间实行换乘优惠票制。新加坡通联公司专门负责管理一体化票价系统,乘客使用一张交通卡,就可在不同公共交通系统上使用,并能享受不同系统之间换乘的优惠折扣。

韩国首尔市使用现金支付的公共汽车票单一票价为1000韩元,不能享受换乘优惠。若使用交通卡,乘坐10公里内可免费换乘4次,超过10公里后每5公里增加100韩元,每次换乘间隔有效时间不超过半小时。

为吸引市民更多地采用公共交通方式,英国伦敦市政府制定了一系列优惠的公共交通收费标准,同时将各种可能换乘的公共交通方式结合起来,为乘客提供多种选择。使用电子出行卡能够在伦敦交通局管理范围内的所有公共交通方式(地铁、有轨电车、公共汽电车、轻轨)上任意使用,换乘时可享有比单程票卡更多的优惠。

六、建立规范的交通影响评价制度

交通影响评价(Traffic Impact Assessment,简称TIA),是对城市开发项目与交通需求增长之间的关系进行研究,分析项目对城市交通的影响程度和影响范围,进而科学制订交通组织方案,或者制定相应的对策及修改方案,以减小开发方案对所在区域交通的影响。国外大量交通影响评价的实践表明,交通影响评价是协调交通和土地利用关系并制订相应公共交通发展策略和规划的重要工具。交通影响评价的目的是评价和分析建设项目建成投入使用后,新增加的交通需求对周围交通产生影响的范围和程度,进而在保持一定服务水平的条件下提出缓解对策或修改方案,以减少项目所带来的负面影响。

交通影响评价的实践始于美国,随后在英国、加拿大、澳大利亚、日本等国均得到了广泛应用,并产生了许多较为成熟的理论方法和成功的实践案例。20世纪70年代,美国高速而无序的城市开发以及政府财政预算对交通基础设施投资的削减,导致交通基础设施投资严重不足、路网服务水平持续下降、道路拥堵状况不断加剧。为改变城市交通存在的问题,美国开始了交通影响评价的积极尝试。1988年,美国交通工程学会发布第一份交通影响评价的总结报告《交通影响评价指南》,随后又发布《交通影响评价报告》,向全美推荐交通影响评价分析的内容和方法,形成了交通影响评价的理论基础。美国的交通影响评价一般程序为:首先由地方政府制定政策,确定开发项目的规划建设条件；当进行符合该条件的项目开发时，开发者必须向交通咨询公司招标；最后由中标的交通咨询公司向地方政府提出交通影响评价报告书，并提出政府应采取的相关措施建议，为政府提供进行相关决策的技术支持。

其他国家的交通影响评价过程与美国基本类似，澳大利亚于1987年开始对建设项目的交通影响评价方法进行研究；日本于1990年开始了交通影响评价的具体实践；英国于1994年由交通运输协会公布了统一的交通影响评价指南，用于指导英国各城市交通影响评价的具体工作。

国外大量交通影响评价的实践表明，交通影响评价是从微观上协调交通和土地利用关系的有效工具。交通影响评价通过定量分析城市土地开发项目或土地利用变更对交通的影响效果，提出相应的交通改善措施，以减少开发方案对周边交通的影响。

借鉴国外发达国家交通影响评价的思路及方法，我国也应积极建立交通影响评价制度，并将交通影响评价作为一种有效手段来合理控制城市中建设项目的开发强度及规模，合理规划组织项目周边区域的公共交通线路站点，并明确项目开发单位对项目造成的交通影响所应承担的市政设施建设责任。这样可以充分发挥政府和规划部门对城市发展的导向作用，使城市土地利用趋于合理化，避免土地开发强度过大、城市机能和交通需求过于集中，从而将城市规划、土地利用和交通规划协调在一起，为实现城市的可持续发展打下坚实的基础。

第二十三章　城市公共交通节能减排

在全球气候变化备受关注的背景下,交通领域特别是城市交通领域在节能减排方面的重要性尤为突出,是世界各国普遍关注的热点。世界主要城市公共交通节能减排的经验主要体现在以下方面:大力推广节能减排公共交通工具,完善城市公共交通节能减排标准体系,加快促进车用燃油低碳低硫化等。

一、大力推广节能减排公共交通工具

世界主要城市公共交通的发展经验表明,大力发展公共交通,改善公共交通管理,推广使用节能减排的交通工具,从而减少污染物排放是改善城市空气质量的必由之路。目前,开发新能源公共交通车辆已经成为世界各国政府在节能减排领域的广泛共识。由于世界各国现有技术水平差距和资源分布不均,世界各国推广清洁能源的做法和经验也各不相同。

欧洲国家在柴油电喷技术方面最早取得突破,因而主张大力发展柴油汽车,目前柴油车在欧洲的市场份额超过60%。日本以推广混合动力汽车为主,丰田和本田公司是全球混合动力汽车领域的领军企业,丰田自1997年推出混合动力车以来,混合动力车全球销量已突破200万辆。美国、巴西由于玉米、甘蔗等农作物原料产量丰富,在乙醇替代燃料方面较为成功。2005年美国生产玉米乙醇1200万吨,按等热计算占美国当年汽油消费总量的2%。巴西在全国推广使用乙醇汽油E25(在汽油中掺25%的乙醇),2005年巴西的甘蔗乙醇产量1300万吨,占世界总产量的43%。

清洁能源的推广使用,使公共交通为改善城市的生态环境作出了更大贡献,但考虑到技术成熟度和市场化进程,目前应用得较多的是液化石油气(Liquefied Petroleum Gas,简称LPG)和压缩天然气(Compressed Natural Gas,简称CNG),而混合动力和纯电动汽车成为未来的发展方向。

韩国首尔市在开发CNG混合动力车和以天然气为主要燃料的半混合动力公共汽车方面,发挥了重要的先导作用,减少了20%以上的温室气体排放。首尔市CNG公共汽车的普及率已达65%,有效改善了首尔的大气污染。

为推动新能源汽车的推广应用,世界主要城市不断完善相关基础设施建设,加大公共汽车充电站、加气站的建设力度和网点密度,保障了新能源公共交通车辆的正常运营。

2009年日本东京市为解决电动汽车能源问题,为新车型上市做好基础准备,率先建成200多个充电站,预计三年后增加到1000个以上。法国巴黎市是最早将清洁能源汽车引入公共交通系统的城市,在巴黎市区有大量纯电动公交车运营,为方便电动公交车充电,巴黎市政府在城区和郊区建设了分布广泛的充电站。美国旧金山市以成为"美国电动汽车首都"为目标,加快网络化的电动汽车充电站建设。旧金山启用的充电站系统是美国城市电动汽车使用可行性两年示范项目的组成部分,充电站所采用的技术系统可追踪统计每辆电动车节省下的汽油量和减少的温室气体排放量,并能发信息给驾驶员,提醒车辆何时需要充电。

二、完善城市公共交通节能减排标准体系

要实现城市公共交通节能减排,应强化标准化在节能减排中的重要作用,建立完善城市公共交通节能减排标准,制定一系列关键技术标准,推进城市公共交通领域的节能减排进程。

(一)制定城市空气质量管理标准

作为衡量城市公共交通发展水平的重要环节,城市空气质量管理应得到充分重视。英国政府借助立法制定了城市空气质量评价管理标准,环境立法工作一直走在世界的前列。从1995年起,英国制定了国家空气质量战略以及世界上第一部《洁净空气法》,法律规定英国各个城市都要进行空气质量的评价与回顾工作,对达不到国家标准的城市,当地政府必须划出空气质量管理区域,并制定相应措施在规定期限内达标。这项工作已经进行了十余年。

（二）建立完善的环境影响评估制度

环境影响评价是城市公共交通节能减排的重要保障。英国的环境影响评估制度非常完善。英国的申请规划许可过程是非常透明的，报告需向社会公众公开提供，在非常重要的公众咨询阶段，公众具有否决权和质疑权。这使得新能源交通相关基础设施建设起步阶段的环境影响评估非常到位，为后续城市交通的可持续发展提供了有力保障。

（三）建立机动车污染控制与监测标准

机动车污染已取代工业污染，成为伦敦空气污染的首要来源，伦敦市政府近年来出台一系列举措对小汽车尾气污染排放进行严格限制。这些措施包括推广使用无铅汽油；对汽车排放尾气中一氧化碳、氮氧化物以及碳氢化合物等成分进行严格控制，并在汽车年检中检测尾气中一氧化碳、氮氧化物等是否达标；另外伦敦市中心还设立了污染检测点，警察可拦截有过多排污迹象的汽车对其进行测试，并有权对未通过测试的车主实施罚款。

（四）建立城市公共交通节能减排指标体系

作为欧盟经济发展水平最高的国家之一，英国在提高交通能效和减少温室气体排放方面取得了很大的成绩，其完善的能源统计数据也为科学研究和政府决策提供了很好的依据。

欧盟统计局是欧盟最主要的政府统计机构，其能源统计自上而下具有一个统一完备的指标体系，为欧盟的管理决策和科学研究提供了权威的数据支撑。欧盟交通相关的能源统计数据分为能源和交通两部分。其中能源数据中突出了生物燃料在交通能源中的比重，体现了欧盟对清洁型交通燃料的关注。

三、加快促进车用燃油低碳低硫化

由于全球环境意识空前高涨和环保立法的推动，控制车辆排放成为城市交通领域和汽车工业在 21 世纪面临的严峻任务。低硫低碳车用燃料是城市公共交通发展的重要标志之一。

(一)促进车用燃料低硫化

减少车辆排放,改善城市空气质量,提高车用燃油质量,实现车用燃料低硫化,已成为当前十分重要的任务。除含硫量超标的柴油会引发严重的尾气污染外,汽油中的硫同样会降低催化转化器的催化活性和转化效率,从而影响排放净化效果。

《世界燃油规范》指出,降低柴油中的含硫量,不论对具有何种排放水平的车辆,都有减少颗粒物排放的作用。目前欧美发达国家已经广泛使用低硫清洁柴油,并在积极推广使用超低硫清洁柴油(含硫量低于 50×10^{-6} 的柴油)。"欧洲汽车燃油项目"研究表明,将柴油的含硫量从 500×10^{-6} 减少到 30×10^{-6},可使轻型车颗粒物排放减少7%,使重型车颗粒物排放减少4%。

国际城市在促进车用燃料低硫化方面的主要经验有:一是根据不同阶段汽车排放标准的要求,调整汽油、柴油标准中含硫量指标。二是从提高企业积极性的角度出发,促进清洁燃油的价格和税收优惠政策的实施,使高品质燃油能够优质优价,鼓励企业向市场提供优质燃料。

(二)开发车用替代燃料

燃料是支撑城市交通运行的血液,通过大力推进燃料技术进步,开发车用替代燃料,促进燃料低硫低碳化对促进城市绿色公共交通发展具有重要作用。为实现车用燃料的低碳化,解决城市交通的温室气体排放问题,世界很多国家加紧开发车用替代燃料。随着燃料技术发展,车用替代燃料呈现多元化发展趋势。20世纪80年代,巴西提出"柴油计划",推进生物燃料的应用。2007年巴西年产生物柴油约15亿升。巴西矿业和能源部表示将继续加大生物燃料的推广力度,计划2009年提前将生物柴油的混合比例提高至5%(巴西原定于2013年达到该目标)。2005年,主要以玉米为原料生产的乙醇在美国的消费量已经超过40亿加仑(1加仑等于4.546升),在生物燃料市场上占据重要位置。过去5年内乙醇产量猛增235%的事实,预示着这种替代燃料具有广阔的市场。

第二十四章　城市公共交通信息化建设

公共交通的信息化和智能化水平，在提高公共交通运行效率、改善公共交通服务质量、保障公共交通运行安全等方面正发挥着越来越重要的作用。世界主要城市公共交通信息化的经验主要体现在以下方面：大力推进城市公共交通信息化发展，建立城市公共交通决策支持信息系统，建立智能化的公共交通运营调度系统，建立全方位的出行信息服务系统，建立城市公共交通信息整合共享机制等。

一、大力推进城市公共交通信息化发展

发达国家和地区较早认识到信息化对发展公共交通的重要意义，美国、欧盟、日本和新加坡等国家和地区对此高度重视，投入了大量的财力、人力、物力，积极推动公共交通信息化和智能交通技术的研究和发展。

日本1994年成立了“日本道路、交通、车辆智能推进协会”，目的是促进日本在智能交通领域中技术、产品的研究开发和推广应用，该协会于1996年7月联合制定了《日本智能交通系统框架体系》。在该框架体系的指导下，东京都交通局开发了城市公共交通综合运输控制系统，旨在改进公共汽车服务，吸引更多乘客。在城市公共交通综合运输控制系统中，公共交通运营管理系统是一个基本的框架，其目的是通过掌握运行情况以及乘客数据，实现精确平稳的公共交通运营服务。它在运营中的公共汽车和控制中心之间建立信息交换机制，并利用诱导和双向通信的方法，将服务信息提供给公共汽车运营人员和驾驶人员，同时这些信息也通过进站汽车指示系统和公共交通与铁路接驳信息系统提供给乘客。公共交通综合管理系统具有收集运营数据、乘客计数、监视和控制公共汽车运营与乘客服务等功能，其中乘客服务功能包括进站汽车指示、信息查询和公共交通与铁路接驳信息提示等。公共交通综合管理系统的硬件包括公共交通主控中心、区域中心以及

路边、车库和车载设备等。

美国国会 1991 年通过了“地面综合运输效率法案”，旨在通过高新技术和合理的交通分配提高整个网络的效率，其核心是智能化技术和信息化技术。随后，美国联邦政府在全美建立了多个智能交通研究中心，并提供经费支持研发工作。政府的高度重视，调动了企业和私人投资公司的积极性，也大大推动了美国智能交通技术的发展。在智能公共交通方面，美国城市公共交通管理部门启动了智能公共交通系统项目。主要研究基于动态公共交通信息的实时调度理论和实时信息发布理论，以及使用先进的电子、通信技术提高公共交通效率和服务水平的技术，具体包括车队管理、出行者信息管理、电子收费和交通需求管理等几方面的研究。其中车队管理主要研究通信系统、地理信息系统、自动车辆定位系统、乘客自动计数系统、公共交通运营软件和交通信号优先系统。出行者信息管理主要研究出行前、在途信息服务系统和多种出行方式接驳信息服务系统。智能公共交通系统项目显著提高了公共交通服务水平，吸引更多乘客采用公共交通的出行模式，从而缓解了交通拥挤，减少了空气污染，降低了能源消耗，取得了一系列社会效益。

欧洲是较早重视公共交通智能化的地区。通过实施公共交通优先政策，设立公交专用道，为公交车提供优先通行信号，建设智能公共交通监控与调度系统等，提高公共交通车辆运行速度和公共交通服务质量，以吸引公众乘坐公交车出行。

面对人民群众日益增长的出行需求，借鉴国际城市先进经验，城市公共交通信息化已成为政府监管、企业调度、乘客出行服务的重要支撑。应加大城市公共交通智能化建设力度，重点建设公众出行信息服务系统、车辆运营调度管理系统、安全监控系统和应急处置系统，推广使用安全可靠、标准统一的公交 IC 卡，为运营调度、服务监管、行业管理等提供信息支撑。并不断加强公共交通智能化系统与铁路、航空、公路、水路等交通方式信息资源的整合，为旅客提供全方位立体式的信息服务。

二、建立城市公共交通决策支持信息系统

发达国家政府在推动公共交通信息化发展的同时，也大大受益于信息

化的发展。通过先进的信息系统，将政府各相关管理部门有机连接起来，实现信息共享，全面及时地收集公共交通运营的动、静态信息，实现全面监管，提高了政府的管理效率。通过应用先进的信息系统，并对这些信息进行分析，提高了科学决策的水平。

韩国首尔市政府在公共交通决策支持系统应用方面取得了重大成果。2004 年，首尔市成功实施了公共交通系统改革，高效发达的信息系统是本次改革成功的重要保障。通过信息系统将管理机构、智能产品、基础设施与公共交通的组织和运营紧密融合为一个整体。这次改革的特点是由政府掌握线路资源，公共交通企业通过竞标获得线路经营权，政府对公共交通线路、时刻表、票价、票款分配、服务质量等实施全面控制和监管。信息化系统能够全面提供上述信息，成为政府实施有效监管的抓手。政府通过对这些信息进行分析来考核公共交通运营企业，进而确定补贴方案，从而有效地监管企业的运营和服务质量。韩国首尔市交通运营与信息服务系统由政府直接负责承建和管理。该系统接入首尔市交通局、市政局、地方警察厅、道路公社、交通广播和气象厅等部门，集成了来自公共汽车管理系统、智能卡系统、道路视频监控系统、交通广播、交通事故应急系统等各类信息，融合了包括车辆运行情况、公共交通客流数据、道路交通流量状况、道路施工、事故和气象等方面信息，实现了政府对公共交通信息全面的收集和监管。通过对这些信息进行分析，为首尔市政府评估交通运行状况、实施有效的交通管理、提升公共交通运行能力与效率、制定科学决策等工作提供了重要支撑。

三、建立智能化的公共交通运营调度系统

运营调度系统是公共交通信息化的核心内容和重要功能之一。发达国家依靠先进的信息化技术，建立了高度智能化的城市公共交通运营调度系统。这些系统将各种智能设备关联起来，快速准确地采集动静态信息，对各种公共交通车辆进行高效的监控和调度，实现了多种公共交通方式的自动化和一体化运营，使运营调度、线路规划、乘客服务等部门具有更高的效率，得以发挥更大的作用，大大提高了公共交通系统的运行效率和安全水平。

高效的管理是建立在强大的公共交通信息平台之上的，对于非实时的

基础信息，主要通过资料整理录入收集；而实时信息必须借助先进的动态信息采集设备实时采集。发达国家在开展智能交通信息系统建设时都非常重视交通动静态信息采集。如伦敦市、首尔市、新加坡等城市的主要路口、绝大部分公共交通车辆几乎都安装了智能动态信息采集设备，建立了非常完备的交通信息采集系统。这些信息主要包括交通流量信息、车辆位置信息、速度信息、动态客流信息、路况信息、视频信息、IC卡刷卡信息等。视频信息能够使运营者看到车辆和场站情况，实时掌握现场第一手信息，为有效应对各种情况提供保障。客流信息是制订运营计划、安排车辆和人员、实施线网优化的主要依据。位置信息、路况信息、车流信息则是智能调度得以实施的保障。调度中心根据这些信息，实时监测车辆的运行状况，并通过无线方式向车辆发布加速、减速、跨线、折返等指令。当车辆在行驶过程中遇到交通阻塞、交通事故、车辆故障等情况时，驾乘人员可通过车载设备向总调度中心或分调度室发出相应信息，调度中心则会根据情况及时调整调度方案。同时，公共交通信息服务子系统还能根据交通管理与控制中心提供的实时交通数据、信号配时方案等，预测公共交通车辆在站点间的行驶时间，并将相关信息显示在电子站牌上，还可通过多种媒体向出行者提供出行前和在途公共交通信息。这些动静态交通信息除了直接应用于公共交通运营管理外，还可以服务于政府部门的宏观管理、数据统计和决策支持。

近年来，发达国家在公共交通运营管理方面，以智能化技术为主要手段，以提高运营效率、提升服务质量和保障乘客安全为核心，开发了公共交通智能化运营调度系统，着力提高公共交通的便捷性和可靠性，不断提高公共交通方式的吸引力，进而提高公共交通的出行比例。欧洲许多国家通过为公交车提供优先通行信号，布设智能公共交通监控与调度系统等措施提高公共交通车辆运行速度和公共交通服务质量，以吸引公众选择公共交通方式出行。这些智能调度系统尽管在系统具体结构、功能方面有差别，但是都广泛采用智能设备，实施完备的信息采集，实现了智能运营和调度，使公共交通系统运营调度水平得到了极大提升。

四、建立全方位的出行信息服务系统

出行信息服务系统是公共交通信息化的重要组成部分，先进的出行信息系统能够大大方便出行者出行，提高公共交通的运行效率和安全性。发达国家纷纷致力于建立全方位的乘客信息服务系统，使出行者在整个出行过程中能够随时获取准确、及时的出行参考信息，如最佳出行线路、最佳换乘方式、实时交通路况、到站时间等。

国际城市出行信息系统主要有以下特点：一是整合公共交通、轨道、航空、轮渡、铁路等各种交通运输方式的信息资源，实现跨行业、跨部门的交通信息资源的全方位融合，使城市居民可以通过公共交通信息服务制订有效的出行计划，实现市域范围、区域范围甚至全国范围内高效、有计划地出行。二是信息采集方式从以静态信息为主，转变为以实时信息为数据基础的动态信息服务为主。利用城市智能信息采集设备所采集到的多源动态信息，实现动态信息服务，实时预测公共交通系统运行状态，并将信息及时提供给乘客。三是从以被动式公共交通信息服务为主，转变为以主动式公共交通信息服务为主。在传统的公共交通信息服务模式——信息网站、公共交通电子站牌、公共交通热线服务电话、电台广播等的基础上，发展了手机上网、手机公共交通短信信息服务、手持信息终端机等乘客与公共交通信息服务系统的人机主动对话方式，乘客能够方便、及时、准确地获取个人最需要的信息。

美国的511交通信息是当前世界上功能最完善的出行信息服务系统之一。该系统始建于2000年，2002年开始推广使用。通过网站（www.511.org）和511电话服务台向公众提供全面交通出行信息。目前美国大部分地区都已能接通511系统。交通信息中心通过装备在道路、机动车、换乘站、停车场以及气象中心的传感器和传输设备，收集全面的交通信息。通过对各类信息提取和分析，向社会提供实时的道路交通信息、政府交通信息、换乘信息、交通气象信息、停车场信息以及与出行相关的其他信息，出行者可根据这些信息确定自己的出行方式和行程路线。511系统的信息发布方式主要有以下几种：互联网、可变信息板、电话、手机信息等。511系统提供的交通出行信息主要有：

（1）道路信息。系统提供的道路信息范围包括意外交通状况（例如影响范围大的交通事件报告）、某一路段内的交通拥挤状况、行驶时间数据、有关道路状况、道路施工信息，以及事件报告和事件的最新发展状况报告。

(2)天气信息。包括各个路段和地区目前和预报的天气状况、风速、温度、雨雪、结冰和干湿之类的路面状况信息等。预报的信息可提前72小时向用户提供。

(3)报警信息。511系统是发布橙色预警信息的一种有效途径。所有拨打511系统的用户，在进入其他信息服务项目之前，都可以听到这类橙色预警信息。

(4)出行信息。511系统可将用户电话转给运输经营者，以提供有关旅游方面的信息，有的也可以与旅游服务网站联系起来。例如弗吉尼亚州在出行信息服务网站上有26000个旅游点信息。同时，511系统还与航空公司和铁路客运公司的服务电话相连接。

新加坡的出行者信息服务系统，主要目标是为出行者提供准确实时的地铁、轻轨和公共汽车等公共交通的服务信息。该系统的核心是通过电子出行指南来收集各种公共交通设施的静态和动态服务信息，并且在每个公共汽车站、地铁站或轻轨站的电子公告板上显示车辆到达时间和离开时间，出行者也可以通过电话服务来获取这些信息。该系统还提供地铁、轻轨和公共汽车的换乘次数最少、票价最低或抵达时间最快的交通路线以及相应票价。该系统的应用使整个公共交通更加准时可靠，减少了出行者等车的时间，同时出行者还可以根据系统所提供的信息来事先计划出行路线和方式，节约出行时间。

五、建立城市公共交通信息整合共享机制

实现跨系统、跨部门的系统综合集成是公共交通信息化建设的重要内容，其信息共享程度是决定公共交通信息化建设成败的关键。发达国家对此有充分的认识，在开展公共交通信息化建设的过程中，非常重视部门间的协调配合和组织管理，通过成立专门的组织机构，作为决策部门、执行部门或协调部门来负责管理公共交通信息化规划、实施和协调方面的事宜，并且在公共交通信息化规划中，注重统筹建设，建立信息资源整合共享机制。

以荷兰为例，其国家交通信息中心由两个交通管理部门共同建设和管理，原有的城市交通监控体系和高速公路交通监控体系并没有变化，仍然由原部门管理，而国家交通信息中心为各个部门提供了一个信息交换和共享的平台，其主要功能是为政府各个管理部门服务，并为各公共交通运营企业、公众、信息服务商提供各种经过加工的交通信息。

我国城市交通各管理部门由于在建立信息化系统时，缺乏统一的规划、设计，导致“信息孤岛”的弊端普遍存在，阻碍了信息系统作用的有效发挥。因此，需要借鉴国外的成功经验，在现有管理体制下，加快建立起各交通行业业务管理部门之间的协调机制，应用信息技术和网络技术提供的条件，整合并共享部门之间的信息，推动公共交通信息化的发展，提高行业管理水平和服务水平。

第二十五章　公众参与及交通需求管理

有效的公众参与及交通需求管理措施，有利于提高城市公共交通的科学决策水平和运营管理效率，从而提高城市交通系统的总体运行效率，降低资源消耗和环境污染。世界主要城市在公众参与及交通需求管理的经验主要体现在以下方面：建立城市公共交通公众参与制度，建立城市公共交通专家咨询制度，开展城市公共交通优先主题活动，采取多种措施引导小汽车合理使用，鼓励步行和自行车出行等。

一、建立城市公共交通公众参与制度

公众参与是指社会成员自觉自愿地参加各种社会活动或事务管理，是社会成员对公共管理中各种决策及其贯彻执行活动的参与。公民享有对城市公共交通的知情权、参与权、表达权和监督权。公众参与意味着社会成员对社会责任的分担和成果的共享，每一个成员都有机会向政府表达意见，维护自己的利益，都有机会为谋取社会共同利益而施展和贡献自己的才能。

城市重大公共交通项目和重大措施的实施与群众利益息息相关，会对市民的日常生活、企事业单位的工作造成影响，公众对此会有一些想法、意见和建议。通过建立和健全城市公共交通重大事项公众参与制度，使群众充分表达想法、意见和建议，推动项目顺利开展，提高决策的有效性和可操作性，从而获得群众对整个城市公共交通管理工作的理解和支持。

西方国家在城市和交通规划中，很早就确立了公众参与的法律地位。英国立法认为，规划法规体系的“骨架”即是公众参与规划的制订。德国《建设法典》中也有明确规定，市民有权了解规划的目标和作用，参与规划方案编制和讨论，并提出建议和想法。

1991 年美国《综合地面运输及效率法案》的颁布标志着国际对交通运输规划公众参与从法律上加以肯定，着重强调了公众参与对交通运输规划的科学制订至关重要。美国联邦交通部下属的联邦公路局和联邦运输局于1996年发表的研究报告《交通规划决策中的公众参与技术》详细介绍了美国交通规划中公众参与的原则、方法和组织，这是美国关于交通基础设施规划方面公众参与最权威的文献。2005年美国前任总统布什签署一项新的联邦运输法案——《安全、可靠、灵活和高效的交通平等法案：献给使用者》，其中一个重要部分就是公共交通参与示范项目。

为了使公众更好地参与城市公共交通的相关事项，国际城市大多建立了完善的公众意见征集制度。科学合理的公众意见征集渠道是公众参与城市公共交通的重要保障。公众意见调查中要科学设计、统计、分析问卷，以提高问卷的置信度和有效度；可采用访谈法，以增强沟通的双向性；加强公众论坛建设，通过研讨会、目标群体思想交流、邻里论坛、地区重大事务论坛、公众自设主题论坛、利益共享与分享者论坛等灵活方式来增强论坛实效性；可采取建立“建议征集机构”、设立“建议奖励基金”等方式，保证公众参与渠道畅通，鼓励公众的参与行为。

二、建立城市公共交通专家咨询制度

建立健全的专家咨询机构，例如建立城市公共交通专家指导委员会、专门审议会等，是提高公共交通科学决策水平的重要途径。专门审议会制度是指由专家学者和各种团体代表通过专门审议会的组织形式，分别就各类城市公共交通重大决策发表咨询意见。国际城市的经验表明，设立专家指导委员会和专门审议会能够在城市公共交通规划、建设、运营等重大决策方面，更充分和制度化地发挥专家和有关团体的作用，更充分地实现公众参与城市交通管理的权利。

1994年9月美国阿尔伯克基大都市规划区重新修订了《交通规划和项目公众参与程序》，在该文件中，提出建立一个永久性的公众参与委员会，该委员会为城市交通规划政策委员会提供咨询服务，保障公众提前介入并持续性参与交通规划过程。公众参与委员会成员由城市地区的社团组织代表和相关专家组成，同时委员会的成员还包括其他利益团体。公众参与委员会直接参与阿尔伯克基大都市规划区多式联运长期规划的年度评审和年度交通项目计划制订。交通项目计划经城市交通规划政策委员会及其协调委员会初步审查后，需发至地方政府和公众，留两到三个月时间供他们提出意见。交通项目计划在充分吸收这些意见之后再提交城市交通规划政策委员会最终评审和通过。

三、开展城市公共交通优先主题活动

纵观国际城市，推进城市公共交通的各种主题活动非常丰富，纷纷采取多项措施鼓励市民采用公共交通方式出行。比利时首都布鲁塞尔市政府规定公共交通活动日当天所有市内公共交通一律免票。芬兰赫尔辛基市，向在公共交通活动日乘坐公共交通工具的市民提供半价车票。韩国首尔市，从2007年上半年开始推行一系列优惠措施，以鼓励市民减少使用小型车辆，并开展了“公交车乘务员”活动，为公共交通乘客提供高品质的服务，旨在唤起人们对艰苦却温暖时代的记忆，更多选择乘坐公共交通工具。法国环境与可持续发展部宣布，将以“另类出行周”取代“无车日活动”。“另类出行周”要求市民尽量在这一周选择无污染或者污染小的交通工具出行，如骑车或者乘公交车等。美国政府制订了“保证回家计划”，其主要内容是在工作日下班时安排公交车和地铁专线接送职工，条件是工作人员不开私家车上下班，如有意外事情必须临时回家的，政府可以免费提供车辆。

城市公共交通相关部门应联合开展“市民与城市交通交通管理”活动，使市民关注、关心城市公共交通发展。通过组织开展“公共交通周”相关活动，发放调查表，充分征求市民意见，播放公共交通优先电视宣传片，在公共交通场站、公交车和地铁车厢等公共场所张贴宣传画，宣传公共交通优先理念，鼓励市民选择公共交通方式出行。并充分利用电视媒体受众广、立体形象、接受性强等特点，将城市公共交通管理的政策措施、成绩、经验、市民素质要求等方面的内容制作成专题电视片，鼓励市民参与各项城市公共交通优先主题活动。

四、采取多种措施引导小汽车合理使用

交通需求管理（TDM）是一种以管理为导向的策略，它通过经济、技术、管理、法规等手段，正确引导和调控交通需求的增长，合理配置交通资源，调

整交通需求在时间、空间和不同运输方式中的合理分布，从而实现人、车、路、资源、环境等方面的相对平衡和可持续发展。通过采取交通需求管理措施，引导小汽车合理使用，鼓励出行者选择公共交通及非机动方式出行，对于缓解交通拥堵、改善环境质量具有重要意义。国际城市在调节小汽车出行方面的经验主要包括以下几个方面。

（一）通过拥挤收费提高小汽车使用成本

采取经济政策提高私人小汽车使用成本，是城市交通需求管理的典型手段之一，拥挤收费作为提高私人小汽车使用成本的重要手段在国际城市得到广泛应用。

新加坡在1975年以道路许可证的形式实施拥挤收费，并在1998年将该方案升级为不停车拥挤收费方案，成功地将进入中心商务区的交通量降低了40%，同时提高了车辆行驶速度。

韩国首尔市政府从1996年11月开始就对仅乘坐1～2名乘客的低乘载率私家车收取2000韩元的交通拥挤费。实施效果表明，乘坐公共交通车辆出行的乘客比例增长了32.5%，乘坐大于或等于3名乘客（包括驾驶员）的机动车在高峰时段显著增加。由于实施效果较为理想，首尔市政府已开始计划扩大实施收取交通拥挤费方案的范围，并已经开始着手准备工作。

瑞典斯德哥尔摩借鉴伦敦和新加坡的拥堵收费方案，从2006年起对进入市中心的驾驶员收取拥堵费，不同时段具体收费金额也不同，收费方案在缓解城市交通拥堵的同时，极大改善了公共交通系统。

（二）通过停车收费引导小汽车合理使用

科学合理的机动车停车费用可以对城市交通动态、居民购车意愿、出行方式选择等产生重要影响。国际城市经验表明，根据不同的交通时段、交通区域和车辆类型，制订不同的停车收费价格，可以有效地调节交通流量时空分布和居民出行方式选择，提升城市交通系统运行效率。

韩国首尔市政府在1997年推出了停车位限量供应制度，以减少现有的停车位供应。首尔市在中心区的新建商业和办公区域，停车设施供给下调

20%～40%不等,并提高停车收费标准以抑制停车需求。首尔市一个停车位的平均售价已达到4000万韩元。首尔市政府规定每户居民的停车位为0.7个。通过引入住宅停车证制度,对住宅所在区域的道路停车位进行统一管理,非居民区的车辆不准进入居住区的街道停车。首尔市政府最终将颁布法令,要求居民在购买车辆之前,必须首先证明已预留相应车位。从2004年起至2007年,首尔市面向13226栋独立住宅设置了24360个停车位。这项措施不仅解决了独立住宅区的停车问题,而且还提升了居民之间的空间共享意识,有效地抑制了住宅区道路拥挤堵塞的现象。

(三)鼓励高乘载率车辆优先通行

高乘载率车辆优先通行是指给予高乘载率车辆以优先通行权的政策,包括设置高乘载率车辆专用车道、给予高乘载率车辆交叉口信号优先通行权、对合乘车辆实施停车优惠或减免道路拥堵费等措施。高乘载率车辆优先通行政策可以节省能源、减少尾气排放,缓解交通拥堵,提高交通资源利用率。

高乘载率车辆优先通行是美国许多地区交通需求管理计划的主要组成部分。纽约市交通部门鼓励多名出行者共用一辆车上下班。纽约长岛高速公路路牌上明确注明"多人乘坐的车辆"(Highly-occupied lane)专用道,该车道只允许车内乘坐3人以上(含3人)的车辆行驶。如果不到3人的车辆使用专用道,将被处以100美元以上的罚款。

纽约交通部门自20世纪70年代以来,在曼哈顿中部地区的几条街道上设置公共汽车优先道和专用道,在高峰时只允许公共汽车和右转弯汽车通行,公共汽车运行速度明显提高。此外,还在高速公路上设立公交专用道,公共汽车在高速公路专用道上行驶,速度快、安全且经济环保,许多市民因此放弃使用私人小汽车而改乘公共交通车辆。

(四)建设完善的停车换乘设施

停车换乘是指通过交通规划与设计,使小汽车使用者开车到停靠站换乘公共交通工具,从而将公共交通服务延伸到低密度居住区。停车换乘是一种可以延伸公共交通服务的低费用方式,既可以缓解城市区域内部的交通拥堵,又可以减少对周边环境的影响,降低交通事故发生概率。停车换乘设计在新加坡和欧洲一些城市已得到成功应用。

新加坡的停车换乘系统主要基于轨道交通的换乘方式和公共汽车的换乘方式,并将二者有效结合起来。停车换乘系统大多都建在中心城区以外的地铁和轻轨站点附近,小汽车可以免费或以较低费用停放在停车场内,出行者换乘公共交通工具进入中心城区。

伦敦20世纪70年代就启动了"停车换乘"计划,在伦敦中心城区外围建设了大面积的停车场,鼓励市民将小汽车停放在停车场,然后再乘坐公共交通进入伦敦市区。英国《规划政策指南》明确指出:停车换乘系统是公共交通体系的重要有机组成部分,应体现社会公益性属性。政府鼓励在城市外围铁路、地铁车站周边建设大型停车场,免费或收取较低的停车费,鼓励出行者通过换乘公共交通工具上下班,减少高峰期间的道路交通量。

停车换乘措施有一个很重要的前提条件,就是停车换乘的全过程要比直接开车前往目的地更加经济、方便,因此要不断提高公共交通系统的服务水平,并提供便捷、经济、舒适的公共交通工具作为停车后换乘的交通工具。

五、鼓励步行和自行车出行

步行和自行车是最符合节能环保要求的出行方式,同时还具有便利、灵活、经济、有益健康等优点,是城市交通系统的重要组成部分,在一定的交通层次范围内具有其他交通方式无法取代的优势。步行和自行车还是公共交通出行的必要环节,改善步行和自行车出行环境可以完善公共交通的末端接驳系统,提高公共交通的吸引力。近年来,在欧美的部分城市,步行和自行车出行越来越受到人们的青睐。

巴黎积极推广建设公共自行车系统,首批投放1万多辆自行车,设立750个租车站,至2007年年底已有2.06万辆自行车散布在全市的1450个租车站,平均每200米就设置一个联网租车站,使用者可方便地租赁,使用完毕后在任一联网租车站都可归还。巴黎市还在铁路站点附近均配建了小汽车和自行车停车场站,实现与公共交通网络的无缝衔接。哥本哈根市中心约有150处专为自行车设置的免费存车处。伦敦使用手机短信就能方便地查询自行车租赁网点位置，并能非常方便地租到自行车。荷兰建设了联网租车站和总长约3000公里的自行车专用道，极大地推进了自行车出行方式。

瑞士苏黎世市将很大一部分道路面积分配给了有轨电车、公共汽车和自行车，尤其在城市中心区，出行者首先考虑的是步行，其次考虑的是自行车，再次考虑的是公共交通，最后考虑的才是小汽车。巴西库里蒂巴市大力兴建自行车道，并在市中心设有大面积步行区，步行区既位于市中心商业区，同时也位于公共交通系统的枢纽换乘场站附近。日本东京市政府自20世纪70年代开始，通过规划建设步行街、公共交通购物街、空中步行走廊等，创造了良好、安全的行人交通环境。

附录　部分国家、地区城市公共交通政策法规节选

一、欧盟城市交通行动计划

（一）概况

欧洲议会于2008年6月9日通过了一份绿皮书决议，并于2009年4月23日通过了一份关于城市交通行动计划的倡议。欧洲经济和社会委员会于2008年5月29日接受绿皮书的观点；区域委员会于2008年4月9日表示接受并于2009年4月21日采纳欧洲议会报告的建议。理事会同样也就该话题进行了讨论。该份行动计划采纳在呈交绿皮书的会议上得出的结论，为欧盟制订出城市交通运输协调框架提供参考，同时尊重辅助性原则。该计划将通过各种形式，如交流经验、提供资金，鼓励、支持可持续城市交通政策的发展，实现欧盟的宏观目标。委员会认识到欧盟城市可能面临不同挑战，挑战难度取决于其地理位置、规模或经济水平。该计划并不提供通用型或自上而下的解决方案。行动计划提倡从现在至2012年逐步启动中短期行动，统筹规划解决城市交通问题。委员会基于当地政府、区域组织和国家政府的承诺在共同关心的领域展开合作。将邀请成员国中其他利益相关者、公民以及企业紧密合作，特别关注弱势群体如老、弱、病、残、低收入群体，这些群体由于其身体、智力、感观障碍等原因而无法享受到与正常人同等的交通运输服务。

（二）行动计划主要内容

主题1——统筹兼顾

委员会认为，处理城市交通体系的复杂问题、建立城市及其周边区域的

联系、解决交通方式的相互依赖性、城市空间的局限性及使城市体系在欧洲交通体系中发挥更广泛的作用的最佳方式是统筹兼顾。交通基础设施和服务的发展不仅需要一种统筹兼顾的模式，而且在结合交通运输与环境保护、土地使用、住房，以及社会对交通运输的可获及性问题上制定政策也需要这种模式。发展战略性的、统筹兼顾的交通运输方案；建立合适的交通计划组织方式；设立切实可行的目标是实现城市交通长期健康发展的关键所在，同时有助于推动交通运输机构之间以及政府与机构之间的合作。

计划1——加快实施城市交通运输可持续发展计划

从短期来看，自推出城市环境专题策略之后，委员会将支持当地政府实施城市交通可持续发展计划，该计划将包括城市及周边地区的货运和客运。计划将提供业务指导、促进最佳实践经验的交流、设立标准并支持城市交通运输专业人才的教育培训活动。从长期来看，委员会可进一步推行激励方案、提出建议并采取其他措施。只要可能，委员会将鼓励成员国为相互学习、分享经验及实现最佳实践提供交流平台以及推动城市交通可持续发展政策的实施。委员会在"市长盟约"中加入城市交通的内容，旨在统筹能源、气候变化及交通运输的共同发展。还建议将交通运输问题纳入《能源可持续发展计划纲要》，该计划将由参与盟约的城市共同筹备。

计划2——城市及区域交通运输可持续发展政策

为提请各成员国更加关注"机构和凝聚资金"及来自欧洲投资银行的资金，委员会准备发布一系列将城市交通可持续发展和区域目标结合起来的措施，其中区域目标是在现有委员会及国家框架下设立的。委员会将列出资助机会清单并就申请国家援助以及公共采购规则作出解释。

计划3——健康城市环境的交通运输

交通运输的可持续发展不仅有助于创建健康环境，还有利于减轻对人体的伤害，有助于减少呼吸系统疾病、心血管疾病等非传染性疾病。委员会将继续促进交通运输与健康环境的协调发展，同时在公共卫生健康的工作框架下，进一步将公共卫生和交通运输体系结合起来，特别注重在营养、肥胖、环境、健康、伤害预防及癌症方面采取措施。

主题 2——关注公民

高质低价的服务是城市公共交通可持续发展的基础。可靠性、安全性及便利性是乘客选择公交车、地铁、有轨电车、无轨电车、铁路和轮船出行的首要原因。委员会立法已对大部分公共交通投资和运行进行规范。交通运输协议使群众广泛受益并有助于服务和技术的创新。高度保障乘客权利，特别是弱势群体乘客的权利是委员会议程的重中之重。铁路服务立法已经展开并于近期推荐给城市公共交通、远程公共交通、海路和内陆航道服务机构。

计划 4——为保障乘客权益建立城市公共交通平台

委员会将主持与利益相关国的对话，参与代表来自交通运输机构、政府雇员及顾客组织，旨在提出欧盟最佳实践方案并认清城市公共交通运输的改善状况。对话基于行业动议并对委员会监管方式进行补充，旨在兑现一系列自主承诺：保证质量指标、保护旅行者及弱势群体交通权，就申诉程序、报告机制达成一致。

计划 5——促进弱势群体对交通运输服务的可获及性

残障人士享有搭乘城市公共交通工具的平等权利，但事实上他们往往不能充分地使用公共交通工具，有时甚至完全无法获得这方面的服务。现在情况已大为好转，比如说在公交车站使用低站台。但其他公共交通方式仍存在一些不便，如弱势群体搭乘地铁仍然有困难。2007 年由欧洲委员会及所有成员国签署的《联合国残疾人权利公约》明确规定了各国义务。第九款指出“各国应采取适当措施以确保残障人士与他人一样公平享有交通运输的权利”。通过将城市交通纳入《欧盟残障人士计划 2010 ~ 2020 年》，委员会将与其他成员国一起承担起各项义务。同时将与其他成员国共同制订适当的质量指标与报告机制。委员会将在“第七个研究和技术发展框架”下进一步支持有针对性的活动。委员会将与公共交通运输机构及政府一同努力，通过不同的媒介提供旅游资讯，包括提供残障人士需要的信息。鼓励各国、各地区旅行者通过多种方式旅游，并在欧盟网站上为现有旅行者提供有公共交通运输旅游的服务信息。对于 TEN-T 网络的主要中转站及当地和周边区域的主要枢纽给予特殊关注。

计划7——绿色区域准入

委员会将对欧盟内不同的绿色区域施行不同准入规则进行研究,以更加了解不同体系在实际中如何运转。委员会将基于此研究成果,推动各国交流最佳的实践操作经验。

计划8——启动宣传活动,推广可持续交通的发展

教育、信息、提升公众意识的宣传活动对创立城市交通的新文化起着重要作用,委员会将继续支持组织各层面的宣传教育活动,包括"欧洲交通运输周",委员会在活动中将改善现有奖励机制,并考虑为鼓励城市交通运输可持续发展计划而颁授一个特别奖。

计划9——推进节能驾驶

节能驾车已是培训、考核职业驾驶员的一个必要组成部分。在驾车执照监管委员会内部,委员会将与成员国一同探讨是否以及如何将节能驾车纳入私人机动车驾驶员驾驶测试中,并将考虑对后续行动给予相应支持。该问题将在下一次《道路安全行动计划》中解决。

主题3——发展清洁的城市交通

欧盟很多城市都实施了环境友好型政策。在欧盟层面展开的计划有助于发展新清洁汽车技术、可替代燃料市场。这将直接促进欧盟产业发展、提高环境质量并为欧洲经济复苏作出贡献。根据"污染者付费"原则,消费者为其造成的外部成本(环境、交通拥堵及其他成本)买单。通过外部成本的内部化促使车辆消费者在一段时间后转向选择更为清洁的交通工具或交通方式,使用更为通畅的交通基础设施,在不同时段出行。欧盟对中型货车使用基础设施的收费规则不妨碍在城市采用非歧视性监管收费措施,以减少交通堵塞和对环境的影响。

计划10——对更低排放及零排放汽车开展研究和示范项目

委员会将继续支持由第七个研究和技术发展(FP7)计划资助的研究与示范项目,此举旨在促进市场引入更低排放或零排放的交通工具,减少对化石燃料的依赖。比方说通过"城市—活力—可持续发展动议"(CIVITAS Initiative)以及在城市交通运输中使用氢能源、生物燃料、混合动力交通工具来实现目标。

在欧洲经济复苏计划的框架下,委员会将开启"欧洲清洁汽车动议"。在2009年,委员会将资助关于电动车的新项目,包括电池、电动车以及辅助产品、信息、通信技术以及"电动性"展示项目。本项目将关注城市电动车以及相关基础设施,统筹兼顾各国动议,对再充电设施标准化提供支持。

计划11——对清洁节能的交通运输工具进行网络指导

委员会将继续对清洁节能的交通工具提供网络指导,包括介绍市场、立法和支持政策。网站还将为公共交通工具的采购提供支持,同时对市场情况进行检测以保护竞争。该项服务将促进关于清洁节能交通运输工具的新法令的实施。

计划12——对城市外部成本内部化进行研究

一旦欧盟建立外部成本内部化框架,并采纳对未来可持续发展交通模式的辩论得出的结论,委员会将启动城市地区交通成本内部化方法的研究。该研究将包括各种价格解决方案的效率问题,包括诸如公众可接受性、社会影响、成本回收、ITS(智能交通运输体系)工具可获得性、如何有机结合城市定价政策及如何有效安排其他绿色区域等问题。

计划13——对城市定价机制进行信息交换

在欧盟城市价格计划框架下,委员会将促进专家及政策制定者的信息交流。这将推动现有动议的资金投入,此外,委员会还将关于讨论过程、计划设计的信息纳入到向公众开放、反映公众接受度、运营成本及收益、技术及环境影响等问题的信息中。所作结论将被纳入委员会外部成本内部化的工作中。

主题4——加强资金支持

为从城市交通运输可持续发展中获益,通常需要对基础设施、交通工具、新技术、改善后的服务进行投资。大部分费用由当地政府、区域组织、国家机构承担。当地政府资金来源多样,包括当地税收、客运费用、停车费、绿色区域收费和私人资助。未来的主要挑战是复杂的交通体系对资金的需求日益增加，而可获得的公共资金可能会越来越少。使用欧盟资金，包括欧洲投资银行工具，能够提供极大支持并引导利用私人资金。在短期，委员会能帮助政府和利益相关国挖掘现有的投资机会并建立创新的公共—私人合作项目。

计划 14——优化现有资金来源

在当前金融计划期，“结构和凝聚基金”将超过 80 亿的欧元投入到清洁城市交通中，该基金是欧盟建设基础设施和投资铁道车辆的一个重要来源。在 FP7 下的“交通专题”中首次在最显著位置强调城市交通可持续发展。除了现有的项目，委员会将继续考虑针对城市交通运输开展有针对性的研发和演示活动。

委员会将继续支持 STEER 项目、“智能化能源欧洲计划”下的子项目、URBACT 项目，其中能源计划下的子项目旨在解决交通的能源问题。《信息和通信技术政策支持计划》为城市交通提供试点项目。最后，为响应 2008 年提案的号召，部分资金还会用于《城市交通绿皮书》中所提到的重点区域，以支持城市交通行动计划。

计划 15——分析未来资金需要

除始于 2008 年第三代项目的 CIVITAS 动议外，委员会将资助其他项目的成功实施，开启一份审议报告，以找到开展“CIVITAS 未来”的最好方式。同时，其还将审核未来改善城市交通所需资金，将此款项作为整体考虑下一个财政年度框架的一部分。

主题 5——分享经验和知识

委员会帮助成员国利用现有的经验，促进信息交流，特别是由委员会项目发展而来的计划模型的信息交流。在欧盟层面的行动对保障收集、共享、比较数据、统计资料和信息发挥着决定性的作用。这些行动都还未到位，但对于适当的政策设计，如购买公交服务、内部化外部成本或统筹兼顾交通和土地使用来说是必要的。委员会同样能帮助缺乏经验、知识、资金的城市，通过借鉴在城市交通可持续发展方面发展较快城市的做法，比如说交流学习在行人和自行车道安全方面的最佳实践经验，提高城市交通状况较差的道路的安全性。

计划16——更新数据和统计资料

为解决数据和统计资料缺乏的问题,委员会将进一步利用现有项目开展研究,关注如何改进城市交通运输数据收集的问题。

计划17——建立城市交通监控平台

委员会设立一个虚拟平台,作为城市交通监控台,帮助交通运输从业人员共享信息和数据统计资料,监控交通状况,促进最佳实践经验的交流。平台将包括一个数据库,涵盖已实施并经过检验的解决方案的信息、培训及教育材料及其他辅助工具。监控台还将审视关于城市交通的欧盟立法和资金工具。

计划18——促进国际对话和信息交换

当地政府和区域组织都面临着类似挑战。解决气候变化问题、促进国际贸易、解决能源供给的安全问题、保障无缝交通衔接和社会平等都对国际社会有现实意义。使用现有平台和资金机制,委员会将促进对话、建立友好城市、促进与相邻地区和国际合作伙伴进一步交换关于城市交通的信息。作为第一步,委员会将对东边邻国城市、地中海地区、非洲地区开放CIVITAS论坛网络。着眼长期,委员会将该规划纳入"CIVITAS未来"的发展中并考虑在FP7下开展活动。

主题6——优化城市交通结构

统筹兼顾、衔接合理、结构优化是高效城市交通体系的主要特征。这将促进现行模型转变为货运物流更高效、环境更为友好的交通模型。可支付的友好的公共交通解决方案是鼓励公民更少依赖汽车,更多使用公交、步行、自行车以及开发新的如拼车、合伙租用汽车、共享自行车等交通形式的关键。可替代的交通方式如电动自行车、滑板车、摩托车、出租车也能发挥作用。公共交通管理将教育员工注意选用可持续发展的交通方式,从而影响其出行行为。雇主和政府能够通过经济刺激和停车监管提供支持。

计划20——城市交通的智能交通体系(ITS)

委员会计划为城市交通的ITS使用提供援助,从而与ITS行动计划互补。比如,综合应用电子售票支付系统、交通管理、旅游信息、准入监管及需求管理，并且充分利用欧洲伽利略全球卫星导航系统（GNSS），改善服务和交通模式中售票支付体系，包括在开往欧洲国家主要目的地的城市交通场站（机场、火车站）使用智能卡。

（三）展望未来

委员会将积极领导实施该项行动计划。继续与利益相关国开展对话并建立适当的指导机制，同时也将通过交通与环境联合专家小组使成员国参与进来。2012 年，委员会将对本行动计划的实施进行审议并评估未来行动的需要。

二、欧盟交通运输政策绿皮书

（一）以交通畅通的城市为目标

问题：

城市交通拥堵问题是城市发展过程中出现的重要问题之一。如何保障城市在继续发展经济的同时减少交通拥堵带来的负面影响，是欧盟城市所面临的一个重大挑战。

选择：

(1)替代私家车的其他交通方式。鼓励出行者选择步行、自行车、公共交通等交通方式，并使以上交通方式更加安全、更具有吸引力。保证各种交通方式能够有效衔接，使城市居民的出行更加方便快捷。政府应在实施缓解交通拥堵措施的同时，大力促进多种交通方式的衔接配合和协调发展，鼓励出行者使用替代交通方式出行。大力推进智能交通系统建设，充分发挥智能交通技术在缓解交通拥堵中的作用。

(2)合理引导私人小汽车使用。一是通过制定汽车共享、汽车合乘等相关政策，合理引导私人小汽车的使用。创新节能环保的私人小汽车使用方式，例如汽车合乘，鼓励每辆机动车承载更多的出行者，从而减少机动车出行数量。二是利用互联网进行电子办公和购物，减少和避免不必要的交通出行。三是采取合理的停车政策，减少城市中心区小汽车的使用。充足的停车位尤其是免费停车位可能鼓励私人小汽车的使用，应将停车费作为引导小汽车合理使用的经济手段，推行差别化的收费政策，例如设置城市外围区的免费停车位和城市中心区的高收费停车位。四是在城市外围区大力推广停车换乘模式，建设具有完善停车换乘设施的公共交通枢纽场站，实现私人交通和公共交通无缝衔接，鼓励出行者乘坐公共交通工具进入中心城区，缓解交通拥堵。

(二)以节能环保的城市为目标

问题：

城市环境问题与城市交通污染物排放有密切关系，机动车排放大量的二氧化碳、空气污染物，并产生噪声污染。机动车排放尾气中的颗粒物和氮氧化物，会对公众健康产生严重不良影响，欧洲城市政府为达到欧盟空气质量标准要求，保障公众健康，面临着严峻的挑战。

选择：

(1)采用新技术。通过不断进行产业升级和实施严格的排放标准，使传统的汽车内燃机技术更加节能环保。三元催化装置和颗粒物过滤技术在减少机动车污染物的排放量方面已产生显著的效果。欧盟委员会将提供资金开展研究并进行技术开发，重点推动清洁燃料技术、节能车辆技术发展以及替代燃料开发，替代燃料包括生物燃料、氢燃料电池等。此外，欧盟还将采用经济手段进一步促进新技术进入广阔的市场，例如政府对购买和使用清洁能源车辆进行财政补贴，对严重污染车辆进行限制并实施经济惩罚，在敏感地区给予低排放车辆一定的通行权。

(2)支持绿色采购。对汽车使用全生命周期内与其相关的能源消耗、二氧化碳排放量和污染物排放量进行计算和分析，在考虑车辆价格的同时，也将节能环保指标作为购买车辆的评判标准。在购买决策过程中进行车辆全生命周期成本分析，车辆使用者将更清楚和了解汽车使用过程中的全部成本，使得最清洁、最节能的汽车具有竞争优势。城市政府及公共部门起带头作用，大力支持节能环保汽车的采购。此外，公共交通运营企业在采购公共交通车辆时可以优先考虑符合较高欧盟排放标准的车辆，尽早采用低污染公共交通车辆，将对改善城市空气质量起到积极的促进作用。

(3)联合绿色采购。目前一些欧洲城市政府已经通过采购更清洁的公共交通车辆以及对私营公共交通企业提供经济补贴，显著提高了公共交通车辆和出租车的节能环保性能。部分欧洲城市公共财政已经拨付专项资金开展充电站、加气站等替代燃料基础设施建设。地方政府将采取联合采购清洁和节能车辆措施，进一步加大清洁和节能车辆的推广和使用。欧盟委员会将开展相关试点项目，为多个城市和地区联合绿色采购计划提供资金支持。

(4)推广新的驾驶方式。驾驶习惯与机动车能耗与排放也有密切联系，通过驾驶员培训学校对驾驶员进行节能驾驶培训，从而达到改变其驾驶习惯，降低能耗与排放的目的。车辆驾驶电子辅助设备的开发也将有助于改进驾驶员的驾驶行为，减少车辆能耗与排放。

(三)以更加智能的城市为目标

问题：

目前欧洲城市的货运和客运需求不断增加，然而由于空间和环境的制约，基础设施建设和发展很难满足高速增长的需求。在此背景下，智能交通系统(ITS)在城市交通管理中应发挥更重要的作用，以提高交通系统的整体效率和运营水平。

选择：

(1)准确的交通出行信息。交通出行信息服务系统可以为出行者、驾驶员、运营企业提供准确、及时、高效的信息，从而为出行决策、路线选择和运营管理提供参考。目前，欧盟高速公路系统、城市交通系统、铁路系统和航运系统已经开发了相应的出行信息服务系统，随着全球卫星定位系统的广泛使用，以上系统运营将更为高效，提供的信息也会更准确。

(2)智能收费系统。智能收费是交通系统的有效管理方法，可以提高整个交通系统的运行效率。智能交通技术的发展和应用保证了运营者能够对新的交通服务(车队管理、旅客信息系统、票务系统等)进行更好的管理。智能收费系统应使用通用性较强的智能卡，无论是在各种交通方式之间、在不同功能之间(例如交通票款、小额消费、停车收费等),还是在不同地区或国家之间都应通用。

(四)以高可达性的城市为目标

问题:

一是实现城市内部与城市之间交通系统的无缝衔接。通过跨欧洲交通网络,连接城市和其周边地区,并与城市内部交通系统无缝衔接。二是建设完善的无障碍交通系统。无障碍交通系统主要服务于行动不便的出行者,例如残疾人、老年人、儿童及携带儿童的出行者,出行者通往城市交通设施需要有更便捷的通道。无障碍交通系统由基础设施和服务两方面构成,城市无障碍基础设施包括道路、自行车道等,应覆盖轨道交通、公交车、停车场、车站、码头等公共空间。三是提供运营高效、换乘方便的公共交通系统。为提高吸引力,公共交通工具不仅要方便,而且还要快速、可靠和舒适。四是构建综合性的多方式交通衔接解决方案,例如在城市外围建设布局合理的停车换乘设施。

选择:

(1)公共交通满足出行需求。欧盟交通运输白皮书中强调了出行者在所有交通方式中的基本权利,特别强调保障失去部分机动能力出行者的权利。出行者要求公共交通方式能够满足其基本的机动性和无障碍需求。欧洲社会正面临着老龄化趋势,需要实施更多智能化的交通方案。应重视提升公共交通系统效率,如果出行时间远高于私人机动车,公共交通方式将失去竞争力。应注重城市交通的经济性,公共交通票价应在城市居民可承受范围内,尤其要顾及城市中低收入群体。

(2)建立合理的欧盟法律框架。创新的公共交通服务合同,对于公共汽车和电车交通系统,将根据各自特点分别采取相应的服务合同。此外,铁路系统和道路系统的运输服务规则将进一步增加透明度,从而帮助政府和经营者提高质量和效率。要求交通运输主管部门规定公共服务企业的责任和义务,从而保证公共服务系统的服务质量。授予经营者经营权时,要严格执行规定的招标程序,政府和中标的经营者之间要签订合同。

(3)创新的交通解决方案。一是欧洲委员会将推广成本较低的公共交通解决方案,例如“快速公交系统”,来替代建设费用较高的轨道交通系统。“快速公交系统”在隔离专用通道上行驶,可以提供快速高效的公共交通服务,具有轨道交通的特点,建设费用却远低于轨道交通系统。二是开展各种培训项目,例如节能驾驶培训,从而提高公共交通车辆及货运车辆驾驶员的驾驶技术,同时也可以减少二氧化碳和污染物的排放。三是针对外来游客提供特殊交通服务。欧洲是一个热点旅游区域,世界各地游客到欧洲城市旅行,促进了欧洲经济发展和就业。游客作为城市交通使用者中的一个特殊群体,有特定的交通需求,同时也给城市交通系统带来一定的压力,在城市交通系统及对外衔接上应全面考虑游客的需求,开展特色服务。

(五)以安全可靠的城市为目标

问题:

每个欧盟公民都应该能够安全和方便地生活和出行。在步行、骑自行车、驾驶机动车时,应该保证出行者的出行环境非常安全,这就需要对道路交叉口等交通基础设施进行精心设计。当出行者认为交通环境安全性较差时,步行、自行车以及公共交通出行将会受到抑制,结果将导致不必要的小汽车使用,并且使人们的生活变得压抑。

选择:

(1)更加安全的行为。欧盟委员会将与成员国及地方城市开展密集和分阶段的对话,探讨安全出行的相关政策,并通过推动智能交通技术,增加出行的安全性。此外,为了让人们更了解自己的交通行为,应该高度重视对出行者的教育和安全培训。通过欧洲道路安全日活动,选取城市特定区域,开展道路交通安全活动,并对年轻出行者重点进行教育宣传。推广骑自行车出行的相关安全行为,例如戴自行车头盔,并严格执行交通法规加以监督,研发更符合人体工程学设计的头盔等。

(2)更加安全的基础设施。提高出行者安全感取决于城市交通环境中的多项措施。应提供更加安全的基础设施,例如设计合理的人行道和自行车道,提高道路能见度、提供更好的道路照明设施,增加执法人员配备等。

(3)更加安全的车辆。在部分城市区域，机动车要与行人、自行车交织混行，使用更安全的车辆就显得十分重要。夜视系统、防碰撞系统以及睡眠警告等先进技术将对道路使用者的安全起到保护作用。

三、英国公共交通法规

(一)1985 年交通法案

34. 伦敦巴士服务

(1)本法案“伦敦巴士服务”定义为有一个以上的车辆停靠站点位于伦敦内的旅客运输服务。

(2)在本法案本部分中规定：

a.“巴士服务”是指除长途客运和旅游客运外的巴士服务；

b.“伦敦巴士服务”指伦敦本地除长途客运和旅游客运外的巴士服务。

(3)巴士服务范围包括伦敦内部与外部区域且站点位于伦敦外部区域的巴士服务则需另行规定。

35. 伦敦巴士服务许可

(1)伦敦巴士服务必须根据本节内容在得到伦敦巴士服务许可后进行。

(2)伦敦巴士服务许可不需要与铁路委员会达成相关协议。

(3)伦敦都市区交通委员会委员负责授予伦敦巴士服务许可的具体工作。

(4)伦敦巴士服务许可持有人应持有如下证件，否则许可无效：

a.大都市区及其他地区交通委员会授予的公交服务车辆运营许可；

b.基于本法案第 22 部分的许可。

(5)持有地方教育部门的服务许可则不受第(4)条规定限制。

37. 授予许可

(1)伦敦巴士服务许可申请应符合大都市区交通委员会要求，申请人应向交通委员会提供证明其符合条件的真实材料，由交通委员会委员具体负责许可的授予。

(2)交通委员会委员授予伦敦巴士服务许可需考虑的因素包括：

a. 授予许可是否影响公众的利益；

b. 如得到许可，运营者应遵守申请时提出的相关内容，除非相关内容影响公共利益。

(3)处于维护公共利益考虑，交通委员会委员应考虑如下因素：

a. 考虑伦敦地区整体以及伦敦内部特定社区的交通需求；

b. 考虑已由伦敦地方议会或伦敦地方委员会制定的交通政策及规划；

c. 以规定方式向交通委员会提出的反对意见或其他代表性意见。

(4)大都市区交通委员会委员，在授予伦敦巴士服务许可时，应向其他委员以及警察局等相关部门发布关于授予许可的通告，明确受许可人基于许可应提供的具体服务事项。

40. 伦敦巴士服务许可的收回和吊销

(1)大都市区交通委员会委员有权收回或吊销伦敦巴士服务许可。

(2)频繁或故意违反相关规定，或相关行为危害公众利益，交通委员会委员可收回或吊销相关许可。

(3)作出收回或吊销伦敦巴士服务许可决定的交通委员会委员，应向其他委员及警察局等相关部门发出收回或吊销许可的通知。

(4)伦敦巴士服务许可在被收回或吊销期间不具备法律效力。

41. 许可期

(1)伦敦巴士服务许可除以上条款规定的收回和吊销情况外，许可期限为自许可生效后的五年时间。

(2)如受许可人持有的伦敦巴士服务许可已到期，且交通委员会委员正在审批延续原许可服务的新许可，在审批期间，原许可依然有效。

(3)本部分不得影响：

a. 特定时期和特定地点的伦敦巴士服务许可；

b. 伦敦巴士服务许可的附加条款。

(二)2000年交通法案

108. 地方交通运输规划

(1)各地方交通运输主管部门应：

a. 制定政策鼓励安全、一体化、高效、经济的交通运输设备的应用及提供相关服务，并充分考虑进入、离开本地区及区域内部的交通组织；

b. 为实施以上政策发挥相关作用。

(2)本部分第(1)条提到的交通运输设备及服务指：

a. 满足辖区内生活、工作、参观、旅行的相关人员需求的交通运输设备及服务；

b. 满足辖区内货物运输需要的交通运输设备及服务；

c. 行人相关设施和服务。

(3)各地方运输主管部门应制订所辖区的交通运输规划，并涵盖本部分第(1)条的相关政策。

110. 巴士发展战略

(1)各地方交通运输主管部门应编制巴士发展战略，发展战略应包括如何发挥主管部门功能的主要政策框架，并为以下内容提供保障：

a. 巴士服务应该满足所在地区居民的基本出行需求；

b. 巴士服务应满足主管部门提出的相关标准；

c. 应充分考虑与巴士服务衔接的相关附属设施和服务。

(2)巴士发展战略是地方交通运输规划的组成部分。

(3)交通运输管理部门制订巴士发展战略，应考虑满足当地教育主管部门及其他社会部门的交通需求。

(4)交通运输管理部门制订巴士发展战略，应征求本地区旅客运输委员会的意见和建议。

(5)本部分"巴士服务"特指使用公共交通车辆的服务。

111. 巴士发展战略的协商与发布

(1)为服从本法案第110部分，地方交通运输主管部门应与以下部门或人员进行协商：

a. 所在辖区政府及受巴士发展战略影响的有关部门；

b. 辖区政府，包括郡议会和区议会；

c. 辖区内已有的提供巴士服务的运营商或运营者协会代表；

d. 巴士服务乘客代表。

(2)本部分第(1)条 a. 中提到的政府部门包括：

a. 地方运输主管部门；

b. 大都市区议会；

c. 伦敦运输主管部门；

d. 苏格兰议会。

(3)交通运输主管部门发布巴士发展战略时，应向前文提到的有关主管部门、议会、运营者或相关组织递交副本。

112. 规划和策略的补充说明

(1)根据 108 部分至 111 部分规定，地方运输主管部门应考虑以下内容：

a. 地方交通运输规划(巴士发展战略)；

b. 相关规划与发展战略的准备；

c. 相关规划和发展战略的修编和更新；

d. 修编及更新的规划和发展战略的发布。

(2)制订 108 部分第(1)条涉及的交通运输规划和发展战略时，地方交通运输主管部门应充分考虑老年人及行动不便者的特殊交通需求。

154. 巴士服务运营者补贴

(1)国务秘书在得到财政部(英格兰)或者威尔士议会批准的条件下，可以根据运营服务成本给予有资格的巴士服务运营者补贴。

(2)国务秘书在得到财政部(英格兰)或者威尔士议会批准的条件下，可以根据补贴的计算方法，确定补贴资金的预算安排。

四、美国公共交通法规

节选自美国法典 2007 年版第 49 主题(交通)第 53 卷(公共交通)。

第 5301 章　目标与目的

发展和复兴公共交通是整个国家的发展目标(包括经济目标)。培养和扶持公共交通的目的是：最大限度地提供安全、可靠、高效的个人机动出行服务；把对环境的影响降到最低；把交通能源的消耗和对进口石油的依赖性降至最低。

第 5303 章　都市区规划

制订都市区规划是为了保障和促进都市区的持续发展，大都会区交通规划委员会与州交通部门、公共交通运营商等共同编制长期的公共交通规划和公共交通改进计划，州交通部门和公共交通运营商依据规划方案实施。都市区规划将兼顾各种出行方式，在解决交通问题的同时，保证规划的持续性、协调性和综合性。编制都市区规划的基本条件是人口超过 5 万，且至少有 75% 的人居住在都市区。

都市区规划编制的基本目标是：①支持都市区经济发展，尤其是提高全球竞争能力、生产效率等；②提高机动出行和非机动出行的安全性；③提高旅客出行的可达性和机动性；④保护环境，促进能源储备，提高生活质量；⑤保证公共交通规划与地区经济协调发展；⑥促进各种交通方式的衔接与整合；⑦提高交通管理与运营效率；⑧注重保留已有的交通系统。

都市区规划至少每 4 年修编一次，也可以少于 4 年，都市区规划主要包括：①基础设施布局规划；②运输规划；③财政规划；④运营与管理战略；⑤投资战略；⑥公共交通完善任务。

都市区规划方案制订后，大都会区交通规划委员会应向当地土地部门、自然资源部门、环境保护部门、历史文物保护部门征询意见，以确保与相关部门的规划相互匹配。都市区规划还提供了市民参与制订规划方案的机制。

第 5309 章　投资补贴

美国交通部将为州和地方公共交通管理部门投入资金，投入的资金可用于更新、购置和修缮公共交通车辆及与公共交通相关的基础设施，资助对象包括从事公共交通运营的公营运营商和私人运营商或是非营利的组织。获得投资的基本条件是：①工程计划已经纳入到都市区规划；②能够持续保证设备或者设施的使用与管理；③维持设备或设施的正常运转。

美国交通部的公共交通投资内容包括：①公共交通车辆燃油补贴。2006 财政年补贴总额为 1125 万美元；2007 财政年补贴总额为 1150 万美元；2008 财政年补贴总额为 1275 万美元；2009 财政年补贴总额为 1350 万美元。②非城市地区至少获取①中资金的 5%。③换乘枢纽投资补贴，每个财政年至少投入3500万美元。④每个财政年要投入300万美元的公共交通车辆检测补贴。

对于上述的资金投资和补贴,美国交通运输部需要综合考虑公共交通车辆的使用年限以及各类公共交通基础设施的状态。

第5325章 合同许可

根据国家法规、州法规及相关标准规范制定公共交通运营许可合同,可以授予符合条件的运营商经营许可。授予公共交通运营商从事公共交通事业的标准是:①申请公共交通经营者的信誉;②申请公共交通经营者对公共交通政策的理解与认识;③申请公共交通经营者以往的工作表现,这些将在申请者的评估报告中体现;④申请公共交通经营者的资金实力和技术实力。许可授权还需要考虑到申请公共交通经营者的财务审计制度、非直接成本率、运营成本效率、数据保密性等。

获得公共经营许可的运营商可以再向下一层级的运营商招标,前提是下一级运营商能够满足上一级运营商所签合约中的相关条款要求,并且能够长期保证运营效率,降低运营成本。

第5327章 项目管理

根据美国1969年出台的交通运输法规中对项目管理计划书的要求,为了使项目能够得到美国政府财政资助,受资助方必须遵照而且执行由运输部长批示的项目管理计划书。

对规划批准的相关规定有:①美国交通部在项目管理计划书提交的60天内给出批示,如果批准无法在60天内完成,运输部应通知提交人,解释延误的原因以及估计还需要多长时间。②当计划书没有得到批准时,批准部门须告知提交人被拒绝的原因。

对财政计划的相关规定:资助金额超过10亿美元或以上,应提交年度财务预算。财政计划应该在完成项目剩余部分所需预算和未来可能导致项目成本增加的合理假设的基础上完成。

第5329章 安全调查

通常情况下,运输部能够进行与设施相关的安全隐患的调查,以明确如何降低、减少或者消除这种危害。

关于整改计划的提交：如果运输部确定存在安全危害或安全风险，需要进一步采取保护措施，交通部应要求当地政府机关根据资助金额，提交降低、减少或者消除危害的计划。

关于收回财政援助的：如果整改计划没有被批准和执行，由交通部确定的财政投资补贴可能被收回。

五、新加坡公共交通法规

（一）新加坡公共交通委员会法案

第四部分　巴士服务的许可

公共交通委员会按照规定的方式批准或授予巴士服务许可，并附一系列公共交通委员会规定的细则、信息和文件。许可有效期不超过5年，且获得经营许可者向应公共交通委员会上缴规定的费用。公共交通委员会在授予和更新公共交通经营许可时考虑以下条件：

（1）申请者的财务状况和持续提供充足、舒适、安全和有效服务的能力。

（2）提供经营许可中规定的公共交通线路服务的持续性。

（3）公共交通基础设施能够满足线路需求的能力。

（4）满足公众出行需求的公共交通服务能力。

（5）满足乘客要求（包括提供充足、安全、持续和高效的公益性服务，消除不舒适或不必要的服务等）以及综合协调所有客运方式的能力。

授予或更新巴士服务许可时，委员会可以强加其他条件：规定巴士服务的时间安排和车辆数量，检查巴士服务收费标准、站点位置、债务预期表现、服务水平、售票和信息系统以及路线信息，防止路线间的恶性竞争。

第四A部分　巴士服务运营者许可

（1）委员会授予或批准巴士服务运营者的条件：

a. 申请人的财务状况；

b. 申请人向公众提供舒适巴士服务的能力，包括安全性、持续性、工作时间、发车频率、可靠性、乘客容量、车辆质量和总效率等；

c. 已有的其他巴士服务；

d. 巴士服务需求；

e. 委员会考虑的其他相关问题。

(2)巴士服务运营者获取许可的条件：

a. 向委员会缴纳规定数额的获取或延长许可的费用；

b. 向委员会支付安全保证或者履约保证的费用，数额由委员会决定；

c. 在许可中明确标出巴士服务运营者应作为和不应作为的事项。

(二)新加坡快速交通系统法案

第二部分　快速交通系统的规划与建设

规划准备

经主管当局批准后，主管部门应做好规划准备，根据此法案主管部门可以获得轨道交通建设的土地，包括地上与地下部分。

公共设施

所有燃气、电力、供水、电信、排污等系统的所有者或供给者应配合轨道的建设、运营、维修或改善。在必要情况下，上述系统的所有者或供给者应改变电线、线路、光缆、管道、隧道、外壳、输送管、标杆、建筑物等设施现状，满足轨道交通的建设、运营、维修或改善需求。

第三部分　快速交通系统的运营

无许可条件下运营快速交通系统

除主管部门或获得经营许可的人之外，任何人没有权利运营快速交通系统。违规者即属犯罪，并处以不超过 50000 美元或(和)不超过 6 个月监禁；在连续违规时，如被证实后将另缴纳每天不超过 5000 美元的罚款。

主管部门授权许可需考虑的问题

申请者的经济状况和持续提供充足、舒适、安全和高效的公共交通服务的能力。

许可的授予条件

授予运营某快速交通系统许可时，主管部门可以制定符合快速交通系统运营应具备的条件，也可以要求以下条件：

a. 范围、时间和整体服务水平；

b. 乘客或工作人员的安全；

c. 轨道的维护和操作；

d. 主管部门能够任命、重新任命或者撤职经营企业的董事长；

e. 依照本法规，主管部门可根据经营者的预期表现规定其应缴纳的安全保证金或银行担保金；

f. 限制获得经营许可者从事与许可授权无关的交易或商业活动；

g. 在提供快速交通服务，维护或运营快速交通系统时，获得经营许可者应达到绩效标准。

许可证的吊销

(1)发生以下情形将被吊销许可：

a. 违反或未能遵守，或者未能保证其雇员、代理人或者承包商遵守本法案或者经营许可规定的条款；

b. 未能或者有可能无法持续提供充足、安全和舒适的服务；

c. 未能遵守本法案任何条款或者(17)条中主管部门批准的条款；

d. 未能遵守(18)条中主管部门所列的说明；

e. 强迫或自愿进行清算而非出于重组或者合并的目的；

f. 向债权人转让或者合并经营权，主管部门给予书面通知，且无须支付任何补偿，并做如下处置：

i. 吊销或取消许可；

ii. 没收全部或部分许可证持有者或银行向主管部门缴纳的保证金；

iii. 要求许可证持有者在特定时间内支付主管部门认定的总量不超过100万美元的经济罚款。

(2)主管部门不会在(1)f. iii. 条件下对许可证持有者进行其他经济罚款；除非在(1)b. 条件下，主管部门认为许可证持有者可能无法持续提供充足、安全和舒适的服务。

(3)许可证持有者在(1)f. iii. 条件下支付的经济罚款可以作为债务由主管部门收回,并且支付经济罚款不会影响经营许可的吊销。

第四部分　轨 道 安 全

检察员的任命

(1)部长可以以书面形式任命检查员。

(2)23 部分授予的或者本法案任何条款授予的权利将由检查员一人实施:

a. 确保轨道及其各部分的安全;

b. 检察员可以根据法规条款,检查任何线路,以及投入运营的线路所存在的问题。

(3)检察员可以授权必要的人员辅助其进行检查,被授权者能够行使(2)中的权利或者本法案规定的权利。

检查员的一般权利

(1)检查员可以:

a. 在任何合适时间内,执行本部分规定的条款;

b. 测试或者检查任何机器、机械和设备;

c. 要求被检查者:

i. 执行检查员提出的任何必要测试或者检查;

ii. 提供给检查员任何线路或设备的相关信息,回答检查员提出的任何有关安全的问题,提供任何有关安全的报告;

d. 带走所有 c. ii. 中规定的报告拷贝。

(2)条款(1)中的适用范围:

a. 任何轨道设备和任何承包商或次级承包商正在作业、已经作业的设备;

b. 主管部门的任何雇员、任何许可证持有者、任何许可证持有者的雇员、任何涉及的承包商或者次级承包商及其雇员。

(3)以下行为均属违法行为,任何人在定罪后将被处于不超过 5000 美元罚款或者不超过 6 个月的监禁。

a. 无合法理由,未遵守(1)c. 的要求;

b. 被检查者在向检查员或者 22(3)规定的授权人提供(1)c. 中规定的各类检查材料时,提供虚假或者误导信息;

c. 阻碍检查员或者被授权者行使条件(1)中的权利。

蓄意危及安全的罪行

任何人故意或者因疏忽制造轨道交通安全事故,导致乘客或者轨道附近人员受到伤害,或者可能受到伤害,判为有罪,定罪后处罚不超过 10000 美元罚款或者不超过 5 年的监禁,或者二者并罚。

破坏轨道或轨道设备

任何人故意挪用、破坏或损坏轨道、轨道设备或其部件判为有罪,并在定罪后处罚不超过 200000 美元的罚款或者不超过 12 个月的监禁,或者二者并罚。

破坏轨道或轨道设备的赔偿

(1)任何人不论是否故意,只要挪用、破坏或损害轨道或轨道任何部件,根据本法案可对其进行额外罚款,以补偿其造成的破坏,并且提起民事诉讼或由任一法院进行裁决。

(2)根据条款(1),任何人被控告有罪前,法院可以评估其应支付的赔偿额度,并下达执行命令。

(3)根据条款(2),可以强制执行民事诉讼或者法院裁决。

六、中国香港特别行政区公共交通法规

(一)香港特别行政区轨道条例

第二部分　专营权的批准及延续

(1)在符合本条例的规定下,批准香港地铁公司从事以下事项的专营权:

a. 经营地下铁路,包括地下铁路的任何延长部分;

b. 建造地下铁路的任何延长部分;

c. 建造局长授权香港地铁公司建造的任何其他铁路(并非地下铁路的

延长部分）；

d. 经营任何根据 c. 建造的铁路；

e. 经营各九铁公司铁路，专营权为期 50 年，自合并日期起计。

第五条　专营权的延续

在专营期届满前 5 年之前并属专营期内的任意时段，香港地铁公司可向行政长官会同行政会议申请延续专营权。

第六条　移转专营权的限制

除非有行政长官会同行政会议的批准，否则香港地铁公司不得将专营权或部分专营权移转。

第三部分　在专营权下经营的表现

香港地铁公司在专营期内任何时间，均须按照本条例及营运协议持续提供优质高效的服务 。

第四部分　专营权的暂时中止、专营权的撤销及专营期的届满等

第十五条　专营权的暂时中止

（1）局长做出情况介绍后，行政长官会同行政会议如认为：

a. 存在紧急情况或很有可能出现紧急情况；

b. 铁路运营因某原因或可能因某原因而出现严重中断运营情形，并认为为了公众利益应暂时中止专营权，可暂时中止其全部或部分专营权。

（3）根据第（1）款作出的暂时中止令，在行政长官会同行政会议终止命令前一直持续有效。

（4）凡有根据第（1）或（3）款作出的命令，须向香港地铁公司发出该命令的书面通知。

第十八条　专营权的撤销

（1）凡行政长官会同行政会议——

a. 局长向其报告，指出香港地铁公司违反根据第 17 条送达的通知书；

b. 认为香港地铁公司有失责行为（因为第 16（1）c. 条的规定而有的失责行为除外），且局长向其报告指出该失责行为是不可补救的；

c. 认为香港地铁公司因为第16(1)c. 条的规定而有失责行为，可指示局长向香港地铁公司送达通知书，规定香港地铁公司提出说明，解释为何不应根据第(5)款作出命令。

(3)香港地铁公司可在第(1)款送达通知书的日期起计的28天内，或在行政长官会同行政会议所容许的较长期间内，向行政长官会同行政会议作出书面申述，提出因由解释为何不应根据第(5)款作出命令。

第六部分　轨道的安全

第二十八条　局长基于安全方面的考虑可规定香港地铁公司进行工程整改

(1)局长认为：

铁路已投入运营的某部分或该部分的任一机械、机械装置或设备的状况，以及铁路或铁路某部分的运营方式，导致或可能导致人员受伤，局长可规定香港地铁公司进行工程整改或采取补救措施，以确保相关设备状况或运营方式，不再导致或不再可能导致上述危险。

(3)香港地铁公司如无合理辩解理由而违反根据本条发出的通知书，即属犯罪，可处第6级罚款，经证实香港地铁公司无合理理由，而持续违反该通知书期间的每一天，可另处罚款10000港币。

第二十九条　雇员疏忽作为或不作为的罪行

(1)香港地铁公司的雇员如：

a. 在与其职责相关的情况下，由于疏忽做出或未做出任何与已经运行的铁路系统或铁路系统所属区域状况或运行的相关操作；

b. 因做出或未做出上述操作而危害或可能危害在铁路系统内或在铁路系统所属区域内的人员安全，即属犯罪，并且：

i. 除第ii. 段另有规定外，可处第2级罚款；

ii. 如a. 段所述的做出或未做出有关操作导致在铁路系统内或在铁路系统所属区域内的人员严重受伤或死亡，可处第2级罚款及监禁6个月。

(2)就本条而言，疏忽指该雇员未采取一名正常雇员在所处条件下应秉持的谨慎态度，或没有运用一名正常雇员在所处条件下应采取的操作。

第三十条　故意危害安全的罪行

任何人如：

a. 故意做出或故意未做出任何在铁路系统内或铁路系统所属区域内的操作；

b. 因做出或未做出上述操作而危害或可能危害在铁路系统内或铁路系统所属区域内任何人员的安全，即属犯罪，可处第6级罚款及监禁3年。

(二)香港道路交通(公共服务车辆)规例

第二部分　客运营业证

第374D章　第6条　客运营运证的申请

任何人拟经营符合本条例第27条所指的公共巴士服务、私家巴士服务、公共小巴服务或学校私家小巴服务，可在任何时间按照本规例向署长递交客运营业证申请书。营业证有效期不超过5年，署长可予以续期，续期每次不超过5年。

第374D章　第8条　客运营业证的修订

(1)署长在与持证人协商后，可以当面送达或以挂号邮递的方式，给予持证人书面通知。客运营运证修订的具体内容包括，在营业证有效期间内的任何时间，修订客运营业证的条款或条件，如扩充、更改、缩减所提供的服务或作其他变更(1988年第185号法律公告)。

(2)客运营运证持证人对署长根据第(1)款所作决定存在异议，可在获悉第(1)款所作通知后的14天内，向署长递交书面申请并由交通审裁处复核，在等待复核结果期间，该决定不生效(1988年第185号法律公告)。

第374D章　第45条　对驾驶员的要求

公共巴士、公共小巴驾驶员应——

a. 礼貌待客，遵守驾驶员行为准则；

b. 保证车上乘客安全；

c. 积极配合警务人员或相关人员的工作，提供所需资料；

d. 严格遵守相关时间规定。

第 374D 章　第 46 条　对乘客的要求

(1)搭乘公共巴士、公共小巴,不得有下列行为:

a. 有妨碍驾驶员工作的不良语言或行为;

b. 故意损坏车辆的任何部件、设备及附属设施,妨碍或干扰车辆运行,伤害、骚扰他人或给他人带来不便;

c. 损害车辆或其附属设施,或损害车站及其附属设施;

d. 在规定之外的地点上下车或有影响其他乘客上下车的行为;

e. 携带易燃易爆等危险品,或者其他违禁物品进站乘车;

f. 违反公共场所行为准则,影响乘车环境;

g. 在车上或车内有乞讨等行为,违规售卖任何物品。

第 374D 章　第 56 条　在特定条件下,某些公共服务车辆驾驶员有拒绝他人进入及要求他人离去的权利。

(三)香港公共巴士服务条例

第二部分　公共巴士服务专营权

经本条例或其他法规批准,方可经营公共巴士。在未获得任何许可的情况下,经营公共巴士服务及其相关业务,属犯罪,处以相应罚款。本条例不适合以下种类巴士服务:游览服务、国际乘客服务、酒店服务、学生服务、雇员服务、住客服务、复合交通服务。

第五条　专营权的批准

获得专营权的公司只能在指明路线提供服务,以公开投标或其他行政长官会同行政会议认为适当的方式授予,受利润管制计划及行政长官及行政会议指明条件的限制。

第六条　专营权的延长

专营权可获批准不超逾 10 年,专营公司在专营期满前至少 15 个月以书面形式向政务司司长要求延长期限,若行政长官会同行政会议认为其合格,可批准不超过 5 年的延长期。行政长官会同行政会议在专营期内认为适当的时间或认为专营公司能够提供满足要求的服务，可将专营权延长不超过2年的时间。

第三部分　服务的经营和控制

专营公司不得在指定线路以外的线路经营公共巴士服务，除非由于专营公司经相关部门批准，方能运营指定线路外的线路。

第十二条　专营公司提供高质量服务

专营公司在专营期内的任何时间，均须持续提供使署长满意的优质高效的公共巴士服务。按照其专营权、本条例、任何根据其专营权或根据本条例作出的指示、要求或规定，以及任何计划或任何根据第16A条作出的批准而提供服务。

第十四条　更改线路和提供新增线路

行政长官会同行政会议可向某专营公司发出书面通知，规定该专营公司在通知书指明的期限届满前，按通知书指明的方式更改某指定线路，行政长官会同行政会议可将在该线路经营的公共巴士服务的独有权利授予该专营公司；或者在通知书所指定的某新增线路（该线路并非原指定线路）经营公共巴士服务。

第十五条　暂时更改路线和提供新增线路

署长在咨询某专营公司后，可向该专营公司发出书面通知，规定该专营公司在通知书指定期限（不少于3个月）届满前，按通知书指明的方式暂时更改某指定线路（不论是以延长或缩短该线路的方法，还是其他改变该线路的方法）；或者在通知书所指定的某线路（该线路并非指定线路）经营暂时性公共巴士。

以上作出的规定，在通知书所指明的期限内有效，但该期限不得超过12个月，该期限可由署长延长一段不超过12个月的后续期。

第十六条　由署长指定各项服务的班次和巴士的载运量及种类

署长在咨询专营公司后，如需要，须向专营公司发出书面通知，指明经营公交巴士服务的班次、经营时间、巴士的载运量及种类。任何专营公司若认为需要，可在其享有独有权利经营巴士服务的指定线路上增加服务班次。

第十六A条　专营公司申请暂时改变线路、服务班次及巴士的载运量和种类

(1)专营公司应以书面形式向署长申请，以延长或缩短期限或其他方法暂时改变指定线路，暂时改变指定线路的班次及提供服务的时间，以及使用巴士的载运量及种类，或者在非指定线路暂时提供服务。

(2)根据第(1)款提出的申请，须在该专营公司欲引进其申请书内所列改变事项前不少于14天交付署长；但如遇特殊情况，署长可缩短该专营公司应给予通知的期限。署长可根据具体情况附加其认为适合的条件，视其是否满足条件批准申请或拒绝申请。

第二十二条　行政长官会同行政会议可施加经济罚则

(1)若某专营公司没有遵从其专营权或本条例，或没有遵从根据其专营权或本条例作出的指示或规定，或没有遵从任何计划或任何根据第16A条给予的批准，或在不影响第(2)款一般性的原则下，专营公司在其经营的某条线路或经营的两条或更多条线路有违规行为，根据本条款，可施加经济罚款，如属首次处以罚款，则不得超过10000港币，如属第二次，则不得超过20000港币，如属第二次以后，则不得超过50000港币。

(2)除非有以下情况，否则不得处以罚款：

a. 署长确认有关的专营公司已有合理机会遵从其专营权、本条例、有关的指示、要求或规定、任何计划或根据第16A条给予的批准(视属何情况而定)；

b. 署长已将该项不遵从行为及其细节通知该专营公司；

c. 该专营公司已获机会向署长解释为何不应施加该项经济罚款。

第四部分　紧急情况及专营权的撤销

行政长官会同行政会议如认为有紧急情况存在，可指示暂时中止某专营公司的专营权(全部专营权或行政长官会同行政会议所指定的线路的专营权)，直至行政长官会同行政会议宣布该紧急情况不再存在为止。

第二十四条　撤销在指定线路提供服务的权利或撤销专营权

行政长官会同行政会议认为,某专营公司无充分理由而未能或可能未按照第 12 条要求提供全面服务或未就任何指定线路提供优质高效的公共巴士服务;或未缴纳经济罚款,则可指示署长向该专营公司下达书面通知,规定该专营公司在通知书送达后 28 天内,提出书面理由,解释不撤销通知书所列指定线路经营巴士的权利或不撤销其全部专营权的原因。

参考文献

[1] 陈徐梅,马晓微,范英.世界主要国家生物质能战略及对我国的启示[J].中国能源, 2009, 4(31) :37-39.

[2] 郭继孚,毛保华,刘迁,马林.交通需求管理——一体化的交通政策及实践研究[M]. 北京:科学出版社,2009.

[3] 江玉林,韩笋生,彭唬,严宁. 公共交通引导城市发展——TOD理念及其在中国的实践[M].北京:人民交通出版社,2009.

[4] 梁雪峰,王广州,刘宝义,郑德权.城市巴士交通规制政策的理论与实践[M].哈尔滨:哈尔滨工业大学出版社,2007.

[5] 刘彤,秦忠平,王逢宝.新加坡公交定价模型对城市公交票价改革的启示[J].价格理论与实践,2007(10):46-47.

[6] 刘智丽,陈金川,张德欣.城市交通需求管理的必要性及政策建议[J].综合运输,2006(6):30-34.

[7] 李彬,何宁,韦昌.大城市客运交通方式的综合分析模型与应用[J].重庆交通学院学报,1997,16(2):65-70.

[8] 李瑞敏,杨新苗,史其信.国外城市公共交通财政补贴政策研究[J].城市发展研究,2002,9(3):62-65,70.

[9] 罗伯特·瑟夫洛.公交都市[M]. 北京:中国建筑工业出版社,2007.

[10] 陆建.城市交通系统可持续发展规划理论与方法[D].东南大学,2003.

[11] 陆化普,王建伟,张鹏.基于能源消耗的城市交通结构优化[J].清华大学学报(自然科学版),2004,44(3):383-386.

[12] 陆锡明,陈小雁.客运规划与城市发展[M]. 上海:华东理工大学出版社,1996.

[13] 毛保华,王明生,牛惠民,贾顺平.城市客运管理[M]. 北京:人民交通出版社,2009.

[14] 毛敏,蒲云,喻翔.外部成本对城市客运交通结构的影响分析[J].公路交通科技,2004,21(11):121-125.

[15] 全永燊,孙明正,李先.优先发展公共交通历程中的若干问题反思[J].城市交通,2006(1).

[16] 全永燊,孙壮志.关于 BRT 和轨道交通的理性思考[J].交通运输系统工程与信息,2006,6(1):111-117.

[17] 上海市决策咨询委员会考察组.巴西库里蒂巴快速公交系统考察报告(BRT)[J].决策咨询通讯,2007(5).

[18] 沈未,陆化普.基于可持续发展的城市交通结构优化模型与应用[J].中南公路工程.

[19] 苏珊 E·布罗迪.土地使用与城市交通规划[J].国外城市规划,1996(2):2-10.

[20] 王先进,杨雪英.国外交通行政管理体制[M].北京:人民交通出版社,2008.

[21] 徐循初.关于确定城市交通方式结构的研究[J].城市规划汇刊,2003(1):13-15.

[22] 徐永能.大城市公共客运交通系统结构演化机理与优化方法研究[D].东南大学,2006.

[23] 吴小莉.城市公共交通补贴机制探讨[J].交通科技与经济,2007,9(6):100-102.

[24] 香港交通运输年报[R].http://www.yearbook.gov.hk/2007/sc/pdf/C13.pdf.

[25] 袁利平,钱璞,刘波.城市公共交通管理[M].北京:中国发展出版社,2007.

[26] 詹运洲.城市客运交通政策研究及交通结构优化[M].北京:人民交通出版社,2001.

[27] 张光远.国外支持公共交通优先发展的政策评介[J].价格理论与实践,2006 (8):14-16.

[28] 张敏,欧国立.城市公共交通补贴问题分析[J].城市公共交通,2001(3):9-12.

[29] 张卫华,陆化普,刘强.公交优先通行措施的评价指标体系探讨[J].交通标准化,2004(11):85-89.

[30] 中国中心城市交通改革与发展研讨会学术委员会,交通部科学研究院城市交通研究中心.中国中心城市可持续交通发展年度报告(2007)[M].北

京:人民交通出版社,2007.

[31] 中国中心城市交通改革与发展研讨会学术委员会,交通部科学研究院城市交通研究中心. 中国中心城市可持续交通发展年度报告(2008)[M]. 北京:人民交通出版社,2008.

[32] 周干峙. 发展我国大城市交通的研究[M]. 北京:中国建筑工业出版社,1997.

[33] 周小鹏,邵敏华,孙立军,冯健理. 香港公共交通运营管理模式[J]. 交通运输系统工程与信息,2005 (1).

[34] J. M. 汤姆逊. 城市布局与交通规划[M]. 倪文彦,陶吴馨,译. 北京:中国建筑工业出版社,1982.

[35] 美国能源部网. Biomass Program [EB/OL]. http:// www. eere. energy. gov/biomass.

[36] Mary Webb, Jackie Clarke, Jane's Urban Transport System (2007 ~ 2008). Jane's Information Group, April 2007.

[37] World Bank. East Asia& Pacific Update-Testing Times Ahead [EB/OL]. http://Hsiteresources. worldbank. org/INTEAPHALFYEARLYUPDATE/Resources/550192. 1207007015255/EAPUpdateAjpr08fullreport. pdf. 2008-04.

[38] Collia D. V. , Sharp J. and Lee, G. , The 2001 national household travel survey: a look into the travel patterns of older Americans [J]. Journal of Safety Research, 2003, 34: 461-470.

[39] Department for Transport. Transport statistics bulletin, road traffic statistics: 2001 [R]. London, 2002.

[40] Phillpotts Greg, Cohen Dan. Region in figures London [R]. The Controller of Her Majesty's Stationery Office, 2005.

[41] Simma A. , Axhausen K. W. Structures of commitment in mode use: a comparison of Switzerland, Germany and Great Britain [J]. Transport Policy, 2001, 8: 279-288.

[42] The Nelson A. Rockefeller Institute of Government. 2005 New York State Statistical Yearbook [R]. State University of New York, 2005.

[43] Transport for London. London travel report 2007[R]. London, 2007.

[44] Transport for London. London travel report 2008[R]. London, 2008.

[45] Transport for London. Transport 2025-Transport vision for a growing world city [R]. London, 2005.

[46] Elkin. T, McLaren. D, Hillman. M. Reviving the city: Towards sustainable Urban Development[J]. Friends of the Earth, London, 1991.

[47] Newman, Peter and Jefferey Kenworthy. Gasoline consumption and cities [J]. Journal of the American Planning Association, 1989, 55: 4-37.

[48] Frank Southworth. A Technical Review of Urban Land use-Transportation Models as Tools for Evaluation Vehicle Travel Reduction Strategies [J]. The Office of Environmental Analysis and Sustainable Development U. S Department of Energy. http://www. ntl. bts. gov/DOCS/ornl. Html, 1995.

[49] Handy, S. Urban form and pedestrian choices: study of Austin neighborhoods [J]. Transportation Research Record, 1996, 1552: 135-144.

[50] Historical Travel Trend in New York State[R]. New York State Department of Transportation, 2008.

[51] Messenger T, Ewing R. Transit-oriented development in the Sun Belt [J]. Transportation Research Record, 1996, 1552:145-153.

[52] Antonio M. Bento, Maureen L. Cropper, Abmed Musbfiq Mobarak and Katja Vinba. The Impact of Urban Spatial Structure on Travel Demand in the United States [J]. The World Bank Development Research Group Infrastructure and Environment, Policy Research Working Paper, 2003.

[53] Vickrey W S. Congestion theory and transport investment [J]. American Economic Review, 1969, 59: 414-431.

[54] Amott R, de Palma A and Lindsey R. Route choice with heterogeneous drivers and group-specific congestion costs [J]. Regional Science and Urban Economics, 1992, 22: 71-102.

[55] Transport for London. Central London Congestion Charging Scheme Impacts Monitoring Summary Review: January 2005 [R]. www. tfl. gov. uk, 2005.

后记

Houji

为推进城市公共交通健康、持续发展，进一步落实城市公共交通优先发展战略，加快推进城乡交通运输一体化，各地交通运输管理部门积极总结国内外城市公共交通管理经验，理清发展思路，研讨政策措施，全面深入实践。上海市交通运输和港口管理局收集整理了世界典型城市公共交通发展沿革、发展现状以及政策措施等资料；交通运输部科学研究院根据多年科研积累，撰写了世界主要城市公共交通发展经验。在此基础上，为方便各地交通运输部门系统学习国外城市公共交通发展经验，我司组织上海市交通运输和港口管理局、交通运输部科学研究院等单位及有关专家编写了《世界主要城市公共交通》一书。

在本书编写过程中，上海市交通运输和港口管理局、交通运输部科学研究院投入了大量的人力、物力和财力，从提纲构架、资料收集、书稿撰写、专家论证，到最后的修改、审核，两个单位的负责同志和专家给予了大力支持，做了大量技术支撑工作，为完成书稿作出了重要贡献。国务院发展研究中心《经济要参》编辑部申耘、成都市交通委员会张殿业、重庆市道路运输管理局孙跃、大连市道路客运管理处娄镜明、深圳市交通运输委员会刘燚明、北京公共交通控股(集团)有限公司王新声等同志，对完善书稿提出了宝贵意见。人民交通出版社汽车图书出版中心为本书的编辑出版做了大量细致的工作。在此，对有关单位的大力支持、对参编人员的辛勤工作和无私奉献表示衷心感谢。

交通运输部道路运输司